3 octobre 1997

Un amiral au secret

DU MÊME AUTEUR

Stratégies navales du présent, Lattès, 1986.
Les Mafias contre la démocratie, Lattès, 1992.
Approches françaises du renseignement, F.E.D. / La Documentation Française, 1997.

Pierre Lacoste

Un amiral au secret

Avec la collaboration d'Alain-Gilles Minella

Flammarion

Ouvrage publié sous la direction
de Perrine Simon-Nahum

ISBN : 2-08-067416-1

Remerciement

Je suis particulièrement reconnaissant à Alain-Gilles Minella de m'avoir accompagné dans cette entreprise. Il a été l'interlocuteur attentif et bienveillant qui a su m'interroger et me convaincre que mes propos méritaient d'être publiés.

Préambule

Personne ne m'a obligé à me taire, je m'y suis astreint de moi-même. Le devoir de réserve, qui est de règle pour les officiers généraux comme pour les hauts fonctionnaires et les autres serviteurs de l'État, s'impose encore plus, c'est évident, à un ancien responsable de la DGSE.

Pour avoir servi pendant quarante-deux ans sous l'uniforme d'officier de marine, j'ai eu maintes fois l'occasion d'être confronté aux exigences de la discrétion et de la préservation du secret. Et aussi de réfléchir aux paradoxes de la raison d'État dans les régimes démocratiques, aux problèmes du secret d'État, à sa nature, à son extension et à sa durée.

La plupart des activités militaires impliquent une part de dissimulation sur les performances des armements, les intentions de manœuvre ou les mouvements des forces. Il n'y a pas d'opération guerrière où l'information ne soit un facteur tactique, opérationnel ou stratégique de première importance, et sa maîtrise conditionne souvent le succès ou l'échec au combat. De nos jours, les armées américaines ont fait des technologies de «l'info-war» un des points-clés de la supériorité de leurs forces armées dans la guerre moderne après en avoir fait la démonstration contre l'Iraq en 1991.

Le secret s'impose tout autant dans les négociations diplomatiques ou dans les grandes manœuvres de la finance et de l'industrie, de même qu'il est de règle pour les policiers et les magistrats luttant contre le terrorisme et la criminalité.

En revanche, en démocratie, les citoyens sont en droit d'attendre la transparence dans la conduite des affaires publiques. La libre circulation des informations va de pair avec le principe du respect des personnes et des opinions comme avec celui de la souveraineté populaire.

Mais où sont les limites entre les devoirs des responsables d'une collectivité et les droits individuels de chaque citoyen ? Il ne suffit pas d'exposer des principes. Chaque fois il faut résoudre de nouveaux dilemmes quand il s'agit de les appliquer à des situations réelles, à des cas d'espèce souvent d'une grande complexité.

L'exemple des sous-marins de la Force océanique stratégique française illustre d'une certaine façon les paradoxes du secret. Leur principal atout opérationnel est la discrétion : c'est dans la mesure où ils demeurent invisibles et parfaitement indétectables au fond des océans qu'ils représentent l'arme absolue de la dissuasion. Invisibles aux radars, tellement silencieux que leurs indiscrétions acoustiques sont noyées dans le bruit de fond de la mer, ils disposent aujourd'hui de cet extraordinaire avantage. Aucun agresseur projetant d'employer la force pour s'attaquer à nos intérêts vitaux ne pourrait espérer neutraliser à l'avance leur capacité de riposte. À supposer même qu'il ait une arme capable de les attaquer préventivement et par surprise, il faudrait qu'auparavant il les ait détectés et localisés avec précision. Or personne, hormis le commandant du sous-marin à la mer et quelques-uns de ses officiers, ne connaît la position exacte d'un SNLE en patrouille. À terre, seuls quelques officiers de l'état-major de la Force océanique stratégique connaissent le secret de sa zone de déploiement, qui est d'ailleurs suffisamment vaste pour laisser au commandant à la mer une grande latitude de mouvements. En revanche les plus hautes autorités gouvernementales l'ignorent; elles n'ont pas besoin de le savoir pour exercer leurs propres responsabilités.

Cependant la Marine nationale ne cherche pas à dissimuler les principales performances de ses sous-marins, ni à faire mystère des essais auxquels elle procède périodiquement afin de mettre au point ou de vérifier le fonctionnement de leurs missiles entre le centre d'essais des Landes et l'océan Atlantique au large des Açores. Cette « transparence » constitue un autre élément de la crédibilité technique de la dissuasion. Personne ne doit se méprendre sur la réalité de nos capacités de riposte ; il est indispensable que les spécialistes, à l'étranger, disposent d'éléments d'information assez sûrs et précis pour n'avoir aucun doute sur l'efficacité potentielle de nos systèmes de forces dissuasives.

Comme quoi il n'y a jamais de réponse absolue en matière de politique du secret, on cache certains éléments, on en dévoile d'autres, tout est affaire de circonstances.

Donc, je le répète, je n'ai jamais été soumis à quelque pression visant à me contraindre au silence. Au contraire, il se trouve que j'ai été très souvent sollicité, en public et en privé, pour m'exprimer au sujet de l'affaire du *Rainbow Warrior*.

C'était il y a douze ans, pendant l'été de 1985. Directeur général de la DGSE, j'avais fait exécuter, sur ordre du ministre de la Défense, le sabotage dans le port d'Auckland du navire de Greenpeace qui s'apprêtait à mener une nouvelle campagne de protestation contre les essais nucléaires français à Mururoa. Mon nom était alors étalé dans tous les journaux de la presse nationale et internationale, une publicité bien peu compatible avec la discrétion qui est normalement la règle pour le chef d'un service secret. Assumant pleinement la responsabilité technique de ce grave échec, je n'avais cependant pas accepté qu'on puisse accréditer l'idée que la DGSE avait agi de sa propre initiative et je m'étais battu pendant plusieurs semaines pour protéger mes subordonnés, injustement poursuivis par la justice alors qu'ils étaient en service commandé. Fin septembre, la démission de Charles Hernu, consacrant la reconnaissance de la responsabilité politique au niveau gouvernemental, avait pleinement satisfait ma conscience. J'ai accepté sereinement, comme une sanction parfaitement normale, qu'il soit mis fin à mes fonctions.

Pendant la crise, il ne m'avait pas été difficile de résister à l'envie de répondre aux critiques, de rectifier les fausses alllégations ou de répliquer aux attaques dont j'étais l'objet. Je me suis rappelé la formule du poète : seul le silence est grand. Et par la suite, je ne me suis pas départi de cette attitude.

Douze années se sont écoulées depuis lors. Si je consens maintenant à en parler, ce n'est pas parce que tout a été dit et publié sur cette affaire d'État. Les minutieuses enquêtes de la police néo-zélandaise et le procès d'Auckland ont révélé une foule d'informations sur l'opération, dont certains détails que j'ignorais moi-même. Plusieurs journalistes, français et étrangers, ont poussé leurs investigations dans les milieux politiques, policiers et jusque dans les armées. Certains des acteurs et des témoins se sont exprimés. À cet égard et en ce qui me concerne, je n'ai pas plus aujourd'hui qu'hier l'intention d'infirmer ou de confirmer ces informations. Je m'abstiendrai donc d'analyser point par point tout ce qui a été publié, je ne révélerai pas des détails inédits, pas plus que je ne commenterai les faits et gestes de mes anciens subordonnés. Ces secrets ne m'appartiennent pas. Certains sont consignés dans des documents confidentiels archivés dans le service selon les procédures réglementaires en vigueur. Mes propres activités au jour le jour figurent dans des comptes rendus, dans mes archives personnelles que j'ai versées au service historique de la marine, à l'intention des historiens qui pourront y accéder à l'échéance des délais légaux de prescription.

Les véritables raisons de ma décision sont différentes, mon témoignage vise un autre objectif. En acceptant d'évoquer, dans ce livre de souvenirs, quelles ont été mes relations avec le pouvoir politique à la DGSE, je souhaite contribuer à une meilleure compréhension des rapports entre un gouvernement et les responsables de ses services spéciaux. Car l'exemple de la crise que j'ai vécue est loin d'être unique dans l'histoire contemporaine. D'autres pays, d'autres services ont connu des situations de même nature. Aux États-Unis, la CIA a été impliquée dans de très nombreuses «affaires», dont les plus célèbres sont celles de la baie des Cochons et de l'«Irangate». En Israël, les services secrets, qui comptent pourtant parmi les meilleurs du monde, se sont laissés surprendre par l'attaque des armées arabes au début de la guerre du Kippour en 1973. L'étude des processus de décision dans de telles circonstances implique une connaissance approfondie des relations entre les décideurs et les responsables des services. Si ces relations existent à l'étranger, en France nous demeurons paralysés par des conceptions archaïques de la «loi du silence».

Je ne cherche pas à me justifier. J'ai voulu fournir des éléments pour expliquer mon comportement dans une situation exceptionnellement critique. Je n'ai pas été associé aux discussions ni à l'élaboration des décisions au niveau de la présidence de la République et du gouvernement, et je n'ai pas su ce qui se passait exactement dans le secret des relations entre les hommes politiques de l'entourage de François Mitterrand pendant l'été de 1985. Depuis lors j'ai lu quelques-uns des commentaires qui ont été publiés à ce sujet, et notamment, avec beaucoup d'intérêt, celui de Franz-Olivier Giesbert. Ainsi ai-je appris, entre autres révélations, que le document manuscrit que j'avais adressé à sa demande, en avril 1986, au nouveau ministre de la Défense, mon supérieur hiérarchique, s'était rapidement retrouvé sur les bureaux du Premier ministre et du président de la République. Et j'ai constaté, à mon grand étonnement, qu'il était aussi dans les mains de quelques journalistes. Étranges mœurs de cette «République des fuites» où plus rien n'est sacré, où on ne peut plus faire confiance à personne.

J'ai écrit ce témoignage sans ressentiment, sans esprit de revanche, sans volonté de nuire à quiconque. D'autres témoins se sont exprimés; à chacun sa vérité dans le secret de sa conscience. On ne trouvera pas ici des révélations, des informations confidentielles sur la DGSE ni sur mes activités pendant les trente-quatre mois où je l'ai dirigée. Pour avoir critiqué publiquement ceux de mes prédécesseurs ou de mes successeurs qui ont cru devoir s'exprimer sur leurs parcours respectifs, j'ai été particulièrement attentif à ne pas enfreindre l'éthique de confidentialité qui s'impose à tous les membres de ces services, quitte à encourir le reproche d'en avoir dit trop ou trop peu.

Ma propre vérité s'appuie sur des faits et elle s'inscrit dans la permanence de convictions acquises dès l'enfance, confortées au fil des ans, au gré des expériences. En un mot ce témoignage résulte de mon parcours personnel, tant familial que professionnel.

J'ai mis le renseignement au centre de cet ouvrage, bien qu'il soit entré très tard dans ma vie, à l'issue d'une longue carrière maritime et militaire. Mon engagement actif dans les services secrets n'a été qu'une parenthèse, mais tellement importante à mes yeux qu'elle m'a permis de renouveler mes réflexions sur la défense, sur la sécurité et sur le rôle de l'information dans nos sociétés. À un moment où l'histoire s'accélère et où les bouleversements de tous ordres perturbent les esprits, c'est une grille de lecture précieuse pour étudier les évolutions du monde contemporain.

I.

Comment le renseignement est entré dans ma vie

Je ne suis pas un véritable professionnel du renseignement. Entré dans la marine pendant la guerre, en 1943, j'y ai fait toute ma carrière, sans jamais avoir l'occasion d'être affecté dans les services spéciaux. Néanmoins, je n'étais pas tout à fait ignorant, en raison de la nature des activités professionnelles propres à tous les officiers de marine – connaissances techniques, pratique des stratégies navales, travail d'état-major, études de défense – et plus particulièrement en raison de mon appartenance à des instances gouvernementales dans les années soixante-dix.

Le renseignement est entré dans ma vie au moment où je m'y attendais le moins, deux ans avant que la limite d'âge ne mette fin à ma carrière d'officier. Je n'y suis pas resté bien longtemps. Trente-deux mois plus tard éclatait l'affaire du *Rainbow Warrior* qui devait entraîner ma destitution au bout de six semaines, le 25 septembre 1985.

Comme il est normal pour un officier qui a quitté le service actif, je n'ai plus jamais été directement impliqué dans des activités opérationnelles. On dit dans la marine qu'un ancien commandant ne doit pas revenir à bord après avoir quitté son commandement; c'est une question de courtoisie vis-à-vis de son successeur; c'est surtout une sage pratique.

Il n'est cependant pas interdit à un citoyen responsable de réfléchir aux leçons de son expérience et de ses échecs. C'est ce que j'ai tenu à faire en poursuivant des études de géopolitique, sur la sécurité et sur l'état de notre société à l'âge de l'information. Dans chacun de ces domaines j'ai constaté à quel point les responsables politiques français, comme ceux de l'Administration, connaissent mal tout ce qui a trait au renseignement.

Je n'ai pas cessé de m'y intéresser et d'observer les évolutions qui se produisent à ce sujet en France et à l'étranger. J'ai entrepris d'en enseigner les principes à l'Université et de participer à de nombreux colloques et conférences publiques. Depuis 1995 je me suis fixé pour objectif de faire en sorte que, dans dix ou quinze ans, les jeunes Français issus des grandes écoles et de l'enseignement supérieur aient une connaissance plus approfondie et plus objective de tout ce qui concerne le renseignement moderne, en ayant parfaitement conscience des spécificités françaises à cet égard. Ainsi, ils devraient être mieux armés que leurs aînés pour tenir leur place dans la société de l'information qui sera celle du XXIe siècle.

Un coup de fil de l'Élysée

En juillet 1982, dans les derniers mois de mon commandement de l'escadre de la Méditerranée à Toulon, j'ai reçu un appel d'Alexandre de Marenches, ancien chef des services de renseignements français, qui m'invitait à dîner. Je ne l'avais jamais rencontré autrement que lors de réunions du Comité interministériel du renseignement à Matignon entre 1978 et 1980. J'y suis allé avec ma femme et l'un de mes fils qui se trouvait là par hasard. Au cours de la soirée, il m'expliqua que les choses allaient très mal au SDECE [1], et qu'il serait bon que je remplace l'actuel directeur, Pierre Marion. Je n'ai pas du tout pris ces propos au sérieux, j'ai plutôt cru à une vague supposition, presque à une plaisanterie. Je lui ai répondu que cela me semblait hors de question puisqu'il avait été décidé que je prendrais la succession de l'amiral Philippe de Gaulle à l'Inspection générale de la Marine au cours de l'automne. La soirée s'est poursuivie en conversations diverses et nous n'en avons plus parlé.

J'avais complètement oublié cette discussion quand, fin septembre, j'ai quitté mon commandement de Toulon pour rentrer à Paris. Nous devions alors, ma femme et moi, rendre

---

1. SDECE : Service de documentation extérieure et de contre-espionnage, remplacé en 1982 par la Direction générale de la sécurité extérieure (DGSE).

visite à un autre de nos fils aux États-Unis, le voyage était prévu depuis plusieurs semaines, nous avions déjà en poche nos billets d'avion pour le début d'octobre.

Quelques jours avant le départ, un de mes enfants me dit : «Il y a eu un appel de l'Élysée. Il faut que tu rappelles tel numéro.» J'ai alors en ligne François de Grossouvre qui me demande de venir le voir au plus tôt. Là, il me dit que le Président souhaite que je prenne la direction de la DGSE.

Voilà comment le renseignement est entré dans ma vie.

Quinze jours de réflexion

J'ai demandé à François de Grossouvre si je pouvais réfléchir à cette proposition inattendue pendant mon séjour aux États-Unis.

Une première interrogation m'est venue à l'esprit : j'allais être directement sous les ordres d'un homme auquel j'étais profondément, presque viscéralement, opposé. Comment pourrais-je avoir confiance? Il se trouve que, par la suite, chaque fois que j'ai eu l'occasion d'être en tête à tête avec lui, je n'ai jamais réussi à éprouver les mêmes sensations de liberté, d'ouverture, de chaleur dans le contact humain que j'avais connues avec la plupart de mes patrons dans la marine et avec bien d'autres interlocuteurs, notamment des personnalités comme Yvon Bourges et Raymond Barre, sans pour autant avoir entretenu avec eux des liens d'intimité. Je pressentais qu'il ne pourrait rien y avoir de tel dans mes relations avec François Mitterrand. En revanche, je dois à la vérité de dire que je n'ai jamais ressenti d'hostilité à mon égard, j'ai plutôt eu l'impression qu'il me faisait confiance.

Par tempérament, sans avoir jamais été très gaulliste, alors que ma mère l'était passionnément, j'ai toujours préféré le centre droit. À mon retour d'Indochine, elle m'avait dit : «As-tu entendu le discours de Mitterrand à la Chambre? C'est scandaleux ce qu'il peut être antigaulliste, mais quel talent!» Par la suite, à l'occasion de rencontres avec des hommes qui le connaissaient bien, comme Eugène Claudius-Petit, j'avais surtout enregistré des images négatives de l'homme politique et de la personne privée. Cette image s'est encore ternie au moment de l'attentat de l'Observatoire. Après cette sombre histoire, il était devenu évident qu'on avait affaire à un virtuose de la dissimulation et des tactiques politiciennes les plus machiavéliques. J'étais aussi violemment opposé au déferlement de démagogie, à l'instar du congrès d'Épinay, et je n'avais pas manqué d'observer les duperies et les combinaisons qui lui avaient permis d'accéder au pouvoir. Sans être versé dans la politique, je savais reconnaître les manœuvres d'appareil.

Huit jours après l'élection de François Mitterrand, en mai 1981 – je commandais alors l'escadre de la Méditerranée –, nous avions fait escale à Palerme dans le cadre d'une manœuvre aéronavale. Comme il est d'usage lorsqu'un bâtiment français séjourne dans un port étranger, j'avais invité un certain nombre de personnalités de la ville à un cocktail sur la plage arrière du croiseur *Colbert*. Parmi les invités, il y avait un magistrat italien en retraite, un monsieur très cultivé. Au cours de la conversation nous avons évoqué les élections en France. C'est alors qu'il a prononcé une phrase que je n'ai jamais oubliée : « Je suis vraiment triste pour votre pays. Vous allez devenir comme nous ! » De même je me rappelle une réflexion de Raymond Barre qui m'avait beaucoup impressionné par sa pertinence : « Le gâchis économique, l'argent perdu… on s'en remettra ! Mais la crise morale, les illusions, ce sera beaucoup plus dur ! »

Néanmoins, je connaissais par une amie qui avait été sa secrétaire dans la Résistance, des détails inédits et tout à fait flatteurs de son passé de combattant. S'il était exact qu'il avait reçu la francisque à Vichy, il était également vrai qu'il s'était comporté avec beaucoup de courage et de détermination à partir de 1943 dans la lutte contre l'occupant. Ces témoignages-là étaient irréfutables.

Ces premières réactions passées, je me suis dis que cet homme, dont la principale caractéristique était une formidable ambition, avait maintenant atteint son plus grand objectif : être président de la République française. Que pouvait-il vouloir d'autre ? Quelle autre ambition personnelle, sinon celle de réussir dans sa fonction et de laisser à ce titre son nom dans l'Histoire ? Il y avait donc forcément une étroite conjonction entre son intérêt propre et celui du pays. Cette analyse a été une des raisons essentielles pour lesquelles j'ai surmonté mes réticences initiales.

L'autre raison, c'est que je suis profondément légaliste. François Mitterrand avait été élu dans les règles. Nous sommes en démocratie et, quels qu'aient été mes sentiments personnels à l'égard de l'homme, je n'oubliais pas qu'il était le président de la République française, le chef des Armées, celui qui représentait mon pays aux yeux de mes compatriotes comme à l'étranger. La fonction prime indiscutablement sur la personne. Moi, officier général de la marine française, je ne me reconnaissais aucun droit de récuser le premier magistrat du pays.

Tels sont les premiers éléments qui sont entrés en compte dans l'élaboration de ma décision.

Les fiches de New Canaan

Pendant mon séjour aux États-Unis, j'ai beaucoup réfléchi. C'était une décision capitale pour ma vie personnelle et familiale comme pour l'achèvement de ma carrière de marin. Chez notre fils qui habitait alors à New Canaan, dans le Connecticut, j'ai noté pour mon usage personnel, sur des petites fiches cartonnées, les éléments positifs et négatifs du choix qui m'était proposé. En les relisant, quinze ans plus tard, je trouve intéressant de les reproduire.

Dans la colonne des « POUR » :

— *ne pas se dérober à un appel, c'est un devoir de répondre, c'est en quelque sorte un poste de combat ;*

— *c'est une mission unique, un poste de premier plan, important, passionnant. Je serai le « patron », sous l'autorité directe du chef de l'État, avec une indépendance rare ;*

— si je me dégonfle, j'aurai laissé passer une occasion unique que je regretterai toujours;

— je permettrai à la marine de disposer d'un troisième poste d'officier général à 5 étoiles;

— j'ai le sentiment d'avoir quelques atouts : une capacité à établir un bon climat, à dialoguer, à inspirer confiance à l'intérieur comme à l'extérieur. Je ne devrais pas me heurter à une hostilité de principe.

Dans celle des « CONTRE » :

— renoncer à un poste considéré comme prestigieux dans la marine, un couronnement de carrière, et renoncer de ce fait à un pouvoir d'influence sur les affaires internes et les évolutions de la marine;

— renoncer à une vie plutôt paisible, aux chemins bien balisés;

— servir un « pouvoir » politique, une majorité avec laquelle je n'ai pas d'affinités;

— plonger dans l'inconnu : prendre une situation fortement dégradée, avec un fort risque d'échec. Un côté « mission impossible ». Pas d'expérience de la « maison », des hommes, des moyens, des méthodes;

— ai-je bien les capacités nécessaires : mémoire, caractère, relations? Saurai-je tenir le coup devant les difficultés, les fatigues physiques et morales d'un poste très exigeant; et ma famille?

— certains aspects (conspiration, clandestinité) ne m'attirent guère;

— on dira dans la marine et ailleurs que je suis devenu socialiste, ou opportuniste. Faut-il tenir compte du qu'en-dira-t-on?

En relisant ces notes, j'ai l'impression que j'avais en fait plus de raisons de refuser que d'accepter ce poste. Mais je ne voulais pas donner l'impression de me dégonfler. Et cela motiva ma réponse.

Parallèlement à cette analyse comparée, j'ai réfléchi à ce que seraient mes projets si j'acceptais. Quels principes pour me guider? Quelles méthodes pour diriger un tel service? Quelles mesures prendre dès les premières semaines?

J'ai aussi consigné ces réflexions sous forme d'aide-mémoire sur des fiches analogues aux précédentes.

PROJETS :

1re règle : l'intérêt national. Par exemple : fidélité aux alliances, mais jamais contre nos propres intérêts.

2e règle : chercher à définir, malgré le caractère très spécial du service, une déontologie fondée sur quelques principes simples : refus de la politisation (au-dessus des partis), pas de luttes de clans, pas de procès d'intention, refuser de recourir à certaines méthodes, à des « coups tordus », priorité à la sécurité, vigilance constante à tous les niveaux, y compris aux plus hauts.

3e règle : rechercher, privilégier la qualité des productions et des prestations du service.

Les premières actions à entreprendre : établir un bilan, étudier, observer, rétablir la confiance, ne pas se livrer à une autre « chasse aux sorcières », insister sur l'indispensable « professionnalisme » à tous les échelons.

Ultérieurement : définir avec l'Élysée les besoins en renseignements, les champs d'action privilégiés.

Durant les quelques jours qui ont suivi mon retour des États-Unis, avant d'être reçu en audience par le président de la République, j'ai tenu à rencontrer quelques personnalités que je connaissais, notamment Marcel Chalet, l'ancien directeur de la DST, et Alexandre de Marenches, pour me faire une idée plus précise de la situation intérieure et extérieure que j'allais trouver. J'ai alors eu confirmation de ce que disait la rumeur et que beaucoup de hauts fonctionnaires savaient. Le plus grave était la situation de méfiance, pour ne pas dire d'hostilités déclarées, qui s'était établie entre la DST et la DGSE. Parallèlement, il régnait un grand trouble parmi le personnel de la maison du fait du comportement excessivement emporté, coléreux du directeur général, des aspects parfois « échevelés » de ses initiatives. Vu de l'extérieur, le service n'inspirait plus confiance, des phénomènes de rejet s'observaient chez la plupart de ses interlocuteurs institutionnels. On reprochait à son patron de se prendre pour un responsable politique, ce qui n'est évidemment pas le rôle ni la fonction d'un chef des services spéciaux.

Je n'ai pas voulu accorder trop d'attention aux rumeurs ni aux avis extérieurs, pour ne pas perdre la faculté de juger par moi-même. Effectivement, j'ai découvert les qualités de mon prédécesseur, à commencer par son indéniable patriotisme, et j'ai repris à mon compte plusieurs des réformes positives qu'il avait entreprises. Il était très important, compte tenu de l'état de fragilité psychologique dans lequel se trouvaient les personnels du service, de ne pas ajouter à leur trouble en changeant une fois de plus toutes les équipes. Comme je n'ai jamais voulu avoir de clan autour de moi, il n'était pas question que je vienne avec «des hommes à moi», comme cela se fait si souvent.

En revanche, j'avais une conviction bien ancrée. L'organisation du service souffrait probablement du mal que l'on observe dans beaucoup trop d'administrations françaises : une superstructure trop étoffée autour du patron, des adjoints ayant tendance à se mêler de tout, à décider de tout. C'est le phénomène des cabinets ministériels pléthoriques et interventionnistes! J'avais suffisamment d'expérience pour savoir combien une organisation de ce type est pernicieuse et je voulais l'éviter à tout prix. Les gens du cabinet n'engagent pas leur propre responsabilité, mais certains n'hésitent pas à donner des ordres à la place du patron. Si j'entrais dans cette maison, je prendrais donc le contre-pied de ces habitudes, je me contenterais d'un tout petit état-major personnel, d'une structure simple, de façon à redonner aux directeurs en titre la plénitude de leurs attributions; je voulais des adjoints «responsables».

Quelques semaines plus tard, en dépit de certaines difficultés, j'ai heureusement constaté que la machine était loin d'être désorganisée. La plupart des services fonctionnaient bien grâce à des hommes et à des femmes qui avaient un sens élevé de leur devoir et qui, en majorité, étaient compétents.

Le 30 octobre 1982, j'ai été pour la première fois reçu par François Mitterrand, à Latche.

L'entrevue de Latche

Le Président m'a reçu pendant plus d'une heure; il consacra les deux tiers du temps à me dire ce qu'il pensait de la DGSE, les raisons pour lesquelles il souhaitait changer son directeur et pourquoi il avait songé à moi comme remplaçant.

Le service était à ses yeux très important, «comme la Défense nationale». L'action d'Alexandre de Marenches n'avait pas été mauvaise, ses vues mondialistes étaient intéressantes quoiqu'un peu trop manichéennes, mais les problèmes intérieurs du service n'avaient pas été bien gérés. En 1981, il avait été obligé d'apporter des changements, surtout en ce qui concernait les affaires africaines. Mais au bout d'un an, il avait été déçu par les résultats obtenus; on lui avait caché la vérité concernant les affaires du Tchad. Selon le Président, l'actuel directeur était un homme trop coléreux, qui ne voulait avoir de contact qu'avec les chefs d'État. Il était nécessaire de le remplacer et il voulait que cela ait lieu à l'occasion d'un prochain Conseil des ministres. Il savait que je n'avais rien demandé et il souhaitait que je lui dise si, malgré mon âge et le poste d'inspecteur général de la marine qui m'était réservé, j'accepterais son offre.

Il était satisfait de la loyauté des militaires, qui ne lui avaient pas posé de problèmes depuis 1981. Il n'avait pas de méfiance à leur égard… ce qui n'était pas le cas de la police. C'est pour cela qu'il avait pensé à moi. Répondant à ses questions sur ma carrière, j'ai aussi abordé les principes et les règles déontologiques qui me servaient de référence, sans omettre de mentionner ma fidélité aux idées de Raymond Barre et à son sens de l'intérêt national. À quoi il m'a répondu que, sur ce point-là, il était d'accord avec lui.

Évoquant le terrorisme, il a insisté sur la nécessité de collaborer avec la DST et les autres services en précisant que, s'il y avait des décisions difficiles à prendre, il les assumerait. Quant à la sécurité, il fallait se méfier de la classe politique, « qui n'est pas étanche ».

Je n'ai pas hésité à poser des questions précises sur les conditions dans lesquelles je pourrais exercer mes fonctions. Les réponses qu'il m'a faites, son approbation au sujet des règles de comportement que j'avais exposées, ont bien répondu à mon attente : subordonné hiérarchiquement au ministre de la Défense et au Premier ministre, je ne devrais pas hésiter à lui rendre compte personnellement chaque fois que nécessaire. Je serai au même rang et au même grade que les chefs d'état-major. Et, surtout, je serai maître chez moi; conscient de la situation dégradée que je trouverai, il était d'accord pour que je procède à un bilan, notamment sur le plan financier, et que je n'aie pas à assumer les conséquences éventuelles des gestions précédentes. Quand je lui ai présenté les grandes lignes de mes projets à court et moyen terme, il les a approuvées, mais j'ai senti alors que ça ne l'intéressait plus, le principal était acquis, j'avais dit oui.

Je parlerai plus loin de ce que furent les trente-quatre mois que j'ai passés à la tête de la DGSE, depuis ma nomination en Conseil des ministres le 15 novembre 1982, jusqu'à ma révocation par ce même Conseil le 25 septembre 1985, à la suite de l'attentat contre le *Rainbow Warrior*. En découvrant un monde à part, j'ai mesuré l'écart entre les intentions et les résultats, les objectifs et les réalisations. Au-delà des erreurs d'appréciation, des fautes de jugement, j'ai connu quelques déceptions, mais surtout beaucoup de satisfactions, en premier lieu celle d'avoir eu le privilège de diriger une communauté méconnue d'hommes et de femmes dont la principale motivation est de servir au mieux les intérêts de leur pays.

II.

Quarante-deux ans sous l'uniforme

1. Une enfance entre deux guerres

Je suis né dans une famille d'architectes. Rien, dans mon milieu familial, ne me prédisposait à devenir marin. Dans ma famille, on ne parlait pas du tout d'affaires militaires et encore moins de la marine. On ne connaissait la mer que par les vacances dans le Nord, un petit village entre le cap Gris-Nez et Boulogne. Tous les ans, nous y passions nos vacances, au bord de la plage. Je voyais les falaises de Douvres. Déjà, j'étais attiré par d'autres horizons.

À cette époque, celui qui voulait voyager, aller «outre-mer», devait le faire par bateau. L'accès au monde, la découverte, l'aventure passaient essentiellement par la mer. C'était certainement une des sources du prestige dont jouissait la marine. À l'inverse, l'armée de terre paraissait composée de paysans, de terriens, immobiles derrière la ligne Maginot ou la ligne bleue des Vosges. Le paradoxe de la Première Guerre mondiale – guerre statique d'enfouissement, de tranchées, alors que le mouvement fait intrinsèquement partie des doctrines de l'armée de terre – frappait beaucoup les gens de ma génération. Tant de morts pour quelques kilomètres carrés!

Jamais je n'ai eu envie d'entrer dans la marine marchande. Ma véritable vocation se portait vers la marine de guerre. D'aussi loin que je me souvienne, je n'ai jamais voulu faire autre chose que cela. J'avais un oncle et parrain, avocat d'affaires, dont l'unique désir était que je lui succède.

En 1941, je n'aurais eu qu'à m'inscrire à la faculté de droit – à l'époque c'était très facile – pour ensuite reprendre son cabinet qui avait une bonne clientèle et représentait beaucoup d'argent. Mais c'était une idée que je ne pouvais pas accepter!

En y réfléchissant, je remarque que j'ai eu la chance d'avoir réalisé ce qu'enfant j'avais toujours voulu faire et de n'en avoir jamais été déçu. J'ai connu, bien évidemment, des moments difficiles, mais la remise en cause de ma vocation ne s'est jamais posée.

Sans doute pour cette raison, j'ai toujours eu le sentiment d'avoir été un homme libre. Il est paradoxal pour un militaire, soumis aux règles contraignantes de la discipline, de prétendre qu'il a connu la liberté. Pourtant, à partir du moment où j'ai décidé d'être officier de marine, je les ai implicitement acceptées, et n'ai eu aucun mal à me soumettre aux contraintes propres à cet état. J'imagine que celui qui a choisi de faire carrière dans le commerce sait bien qu'il lui faudra s'incliner devant les exigences du client, et plus encore subir la tyrannie du compte d'exploitation de son entreprise. Même l'artiste qui se voue complètement à son art s'attend à voir son indépendance limitée par le besoin de gagner sa vie pour manger.

Oui, au service de l'État, on peut aussi bien, et probablement mieux que dans d'autres situations, connaître la vraie liberté.

D'Arras à Paris

Mon père et ma mère venaient du Midi. Mon père était du Gers, ma mère de Toulouse. Le mariage de mes parents avait sans doute été un peu arrangé par les familles. Mon grand-père maternel, comme mon père, était architecte et il avait été prévu que mon père lui succéderait; malheureusement, à son retour de la guerre, le cabinet avait été confié à un autre gendre, si bien qu'il n'a pu se réinstaller à Toulouse. Comme il avait connu les tranchées, il a pensé que son rôle, en tant qu'architecte, était de participer à la reconstruction. C'est pour cela qu'il est parti dans le Nord, à Arras. C'était très courageux de sa part car la vie dans cette région pendant les années 1920-1922, pour des gens du Midi, n'était certainement pas facile. Mais ils avaient autour d'eux un cercle d'amis, des cadres des chemins de fer, des mines, petits bourgeois de province sympathiques aux valeurs solides. Encore aujourd'hui, je rencontre des gens qui me parlent de l'amitié de leurs parents avec les miens.

Pendant la guerre, mon père avait fait énormément de croquis et de dessins; la maison en était pleine. Sous mes yeux il y avait en permanence des images de guerre, de destruction, de ruines. Mon plus ancien souvenir est justement une image de ruines, de restes de tranchées... C'était dans la campagne autour d'Arras dans les années 1928-1929... Nous nous promenions avec ma mère... On voyait encore les cicatrices de la Première Guerre mondiale, dix ans après.

Au début des années trente, nous nous sommes installés à Paris. Mes années d'adolescence ont surtout été marquées par la crise et la montée de la guerre.

La crise, nous l'avons reçue de plein fouet. Le secteur d'activité de mon père, l'architecture, la construction, allait très mal. «Quand le bâtiment va, tout va!» Or le bâtiment n'allait pas! Après la guerre on avait réduit les propriétaires à la misère. J'ai le souvenir de mon père essayant de faire restaurer la toiture d'un immeuble et se heurtant au propriétaire qui n'avait pas les moyens de payer ces réparations. De toute cette période, il me reste un goût amer d'échec, de frustration...

La guerre avait fait des milliers de veuves sans ressources qui ne pouvaient payer leur loyer. Qu'a décidé le gouvernement? Il a bloqué les loyers. Solution typiquement bureaucratique, administrative, étatique comme nous avons pu en voir des centaines depuis des années. Or cette solution était en soi complètement vicieuse. Il aurait mieux valu aider les locataires, leur donner une allocation logement et laisser les loyers suivre la loi du marché. En les bloquant, on a gelé le système de reconstruction et la dynamique de l'industrie du bâtiment en France. L'investissement ne pouvant plus être qu'à perte, tout ce secteur de l'activité nationale a été sacrifié. Ce n'est pas la seule fois que j'ai pu constater que des choix politiques inspirés par des logiques administratives entravaient le développement économique et avaient des conséquences négatives sur l'ensemble de la société.

De la République au quartier Latin

Je n'ai pas eu une enfance malheureuse, mais elle fut obérée par les difficultés financières dues au marasme que connaissait la profession de mon père. Entre le moment où je suis né et 1939, nous avons connu une très nette diminution de notre niveau de vie, passant de grandes maisons à de grands, puis à de petits appartements.

Nous avons habité place de la République et je me rappelle très bien les manifestations, notamment au moment du Front populaire. Je me souviens également de la masse des réfugiés qui venaient de l'Est, et particulièrement des juifs fuyant l'Allemagne des années 1933, 1934, 1935. On trouvait dans ce quartier beaucoup de gens d'Europe orientale qui, pour le plus grand nombre, sont ensuite allés s'installer aux États-Unis.

D'un côté, il y avait les outrances du Front populaire, et de l'autre, dans la bourgeoisie – nous appartenions à ce qu'on pourrait appeler la moyenne bourgeoisie –, la réaction des « Candide-Gringoire », avec leurs propres outrances, les dessins de Sennep, etc. Certains amis de mes parents avaient des connaissances assez proches des Croix-de-Feu du colonel de La Rocque et de la Cagoule; mais d'autres étaient des juifs enseignants originaires d'Europe centrale.

Le début des années trente portait en lui une ambiance particulière avec cette arrivée de réfugiés qui venaient d'un peu partout en Europe, la propagande de *Candide* et de *Gringoire* contre « les juifs et les métèques » qui s'étalait un peu partout. Enfants, nous mélangions un peu tout ça, nous subissions cette atmosphère sans vraiment en mesurer les conséquences. Je répétais ce qui se disait autour de moi, à la radio, dans les journaux... Au lycée Voltaire je tenais des propos assez antisémites, et en même temps mon meilleur ami était né en Palestine et s'appelait Friedmann.

Dans cette société d'avant-guerre, les classes sociales étaient nettement plus marquées qu'aujourd'hui. Lors de vacances sur une plage au nord de Boulogne-sur-Mer, je constatai la différence entre les familles des grands industriels du Nord installées dans des villas avec voitures et chauffeurs, et, à côté, tout un prolétariat, les «congés payés».

Dans ma famille, bien que ma mère ait été très représentative de la petite bourgeoisie toulousaine dont elle avait hérité les préjugés et le comportement, qui étaient typiquement ceux de sa génération, je n'ai jamais ressenti d'ostracisme vis-à-vis du prolétariat, des ouvriers. Jamais je n'ai entendu dire mes parents «ces gens-là». Au contraire, on m'a toujours appris à respecter les personnes. Nous n'avions pas le sentiment d'appartenir à une classe particulière qui excluait les autres. Ma mère était assez marquée par son enfance : son père était architecte, un notable dans sa ville. On sentait bien, malgré tout, qu'elle avait un peu tendance à magnifier cette position, mais cela se faisait sans orgueil.

En revanche, il y avait, comme je pense dans beaucoup d'autres familles, la virulence des sentiments antiallemands. Ma mère était viscéralement antigermanique, passionnément gaulliste dès 1940, imprudemment cocardière, et faisait étalage de sa haine de l'occupant. Elle a été arrêtée par la Gestapo en 1943 alors que mon frère et moi étions partis pour l'Afrique du Nord *via* l'Espagne. Elle a été internée à Fresnes avec une de ses sœurs mais, en l'absence de charges précises contre elles, l'intervention d'un beau-frère plutôt «collaborateur» a permis de les faire sortir de prison avant qu'elles ne soient déportées.

J'ai eu une enfance de petit Parisien, dans les quartiers populaires, à Charonne d'abord, puis à la République et plus tard au cœur du quartier Latin où nous avons vécu à partir de 1935.

Les monômes étudiants, malgré les bâtons blancs et les pèlerines de la police, malgré les arrestations des garçons et les gardes à vue, n'étaient que des grands chahuts. C'était encore l'époque où les architectes défilaient plusieurs fois par an dans les rues de Paris, avec des chars, des déguisements, etc. Le prix Rougevin donnait lieu à un défilé particulièrement pittoresque, les étudiants des Beaux-Arts faisaient les imbéciles, allaient se baigner tout nus dans les fontaines de la Concorde… tout cela était très sympathique! C'était aussi l'époque où Ferdinand Lop haranguait les passants juste sous nos fenêtres… C'était un candidat farfelu aux élections dont le programme résidait principalement dans le prolongement du Boul'Mich' jusqu'à la mer, et dans l'extinction du paupérisme après neuf heures du soir! Le quartier Latin ne ressemble plus du tout aujourd'hui à ce qu'il était à l'époque. L'ambiance estudiantine d'alors réalisait un certain mélange social, sans cet esprit mercantile qui règne désormais, les marchands de nippes ayant remplacé bistrots et gargotes! J'ai le sentiment d'avoir connu les dernières années de la jeunesse étudiante, des Sorbonnards.

Comme il y avait une grande différence d'âge entre mes deux sœurs, mon frère et moi, j'ai eu une enfance assez solitaire au sein de ma famille. Mon frère ayant sept ans de plus que moi, j'étais un peu isolé. J'avais quelques bons camarades chez les scouts, à Saint-Sulpice, mais je ne participais qu'aux sorties du dimanche et à quelques camps dans l'année.

Quelle différence avec la jeunesse de mes petits-enfants qui font partie d'une nombreuse famille! Ils sont habitués à avoir une quantité de cousins autour d'eux; par comparaison, j'ai l'impression d'avoir grandi dans une famille un peu rétrécie.

Je retiens de cette période de ma vie un apprentissage somme toute classique, dans le cycle scolaire tel qu'il était organisé à l'époque. Mon livre du Certificat d'études était une merveille, un résumé parfait de ce que devait savoir tout jeune citoyen. Les fondements étaient encore ceux de la France rurale. Les bases des mathématiques étaient illustrées par des exemples de la vie paysanne (on mesurait un champ, sa longueur, sa surface), on parlait des marchés à la campagne pour enseigner des rudiments d'économie... Mes livres de classe étaient encore, d'une certaine manière, ceux de la France d'avant 1914. Le pays était resté accroché aux valeurs du début du siècle.

L'explosion de 1936 et ses avancées sociales s'expliquent par le fait qu'on avait mis trop longtemps le couvercle sur une société d'autant plus immobile qu'elle était épuisée. Sans doute les possédants, les grands financiers, les grandes fortunes n'avaient pas fait le nécessaire pour améliorer la situation, mais je crois que cela dépassait leur seule responsabilité. Le Front populaire est la conjonction de cet état de fait et de l'action révolutionnaire des communistes; les bourgeois socialistes comme Léon Blum n'auraient sans doute pas pu réaliser les réformes sociales sans la pression du Parti communiste.

Quelques personnalités éclairées avaient des vues à long terme – comme il en existe également aujourd'hui – sur l'avenir de la société, mais ils étaient tellement minoritaires qu'on ne les écoutait pas. En revanche, les graines qu'ils ont semées à cette époque-là, en particulier dans la JAC, la Jeunesse agricole chrétienne, ont permis de bâtir une nouvelle société.

La révolution silencieuse de la JAC

Lorsque j'étais stagiaire à l'École de guerre dans les années 1959-1960, nous assistions à des conférences données par des intervenants extérieurs. Je me souviens notamment d'un conseiller d'État, M. Duteillet de la Motte, qui avait une grande expérience administrative et politique, et qui nous avait expliqué combien certains facteurs pouvaient lourdement peser dans l'analyse de la situation politique française. Comme il connaissait bien l'ouest de la France, il avait mis en avant l'action profonde menée dans les années 1936-1937 par la Jeunesse agricole chrétienne. J'ai pu constater les conséquences de ces actions dans les années quatre-vingt-dix, lorsque j'ai donné des conférences dans les «universités du

Temps libre», en Bretagne. J'ai rencontré des gens de cette génération, et plus particulièrement des femmes, qui m'ont raconté leur itinéraire depuis l'avant-guerre. Elles ont pris leur vie en main, refusant d'accepter le sort de leurs mères. Cette dynamique est à l'origine d'un mouvement coopératif très fort. J'ai rencontré, en 1996, un animateur syndical d'un groupement de producteurs qui m'a longuement exposé la manière dont ils fonctionnaient. Ce sont des gens d'une grande qualité humaine, pleins de bon sens – plus que beaucoup d'énarques – et qui font preuve en même temps d'un réel sens des affaires. Ces producteurs-là ne reçoivent aucune subvention et sont uniquement soumis à la loi du marché. Le «cadran» fixe le prix des produits et leur sert d'unique référence. Ils doivent se débrouiller pour gagner leur vie tout en restant compétitifs. Ces hommes ont mis en œuvre et permis l'aboutissement de la révolution silencieuse préparée avant la guerre, qui a mûri lentement, et dont on voit aujourd'hui les fruits.

Exemple contraire : les effet délétères du maoïsme, des slogans tels que «Il est interdit d'interdire», que l'on retrouve aujourd'hui dans les raisonnements de soi-disant adultes qui continuent à avoir des comportements de sales gosses. L'imprégnation précoce d'idées fallacieuses perdure pendant des dizaines d'années…

Choisir entre deux diables

Le souvenir de l'Exposition universelle de 1937 a toujours été très présent dans ma mémoire, assorti d'un véritable sentiment de gêne, voire de honte pour mon pays incapable de tenir des échéances. Le souterrain de l'Alma avait deux mois de retard, l'exposition a été inaugurée alors que beaucoup de travaux n'étaient pas finis… tout était ainsi! Nous n'étions pas capables de mener à bien une opération dans les délais, de tenir nos engagements… À côté de cela, l'exposition était impressionnante, notamment par l'architecture massive – typique des années trente – des deux bâtiments qui se faisaient face au débouché du pont d'Iéna : le pavillon allemand, avec l'aigle et la croix gammée à droite, le pavillon russe avec la faucille et le marteau à gauche. Les deux blocs face à face, c'était déjà, on l'a souvent dit, une image prémonitoire.

Dans les jardins du Trocadéro se trouvaient les pavillons de la Lituanie, de l'Estonie, de la Lettonie et de la Finlande. J'ai éprouvé un choc esthétique en découvrant le style nordique, la décoration dépouillée et les meubles modernes. Le contraste entre cette légèreté et la pesanteur des nazis et des Soviétiques était saisissant!

Nous avions une bien piètre opinion de notre pays après l'épisode de la guerre d'Espagne. Certains de mes camarades germanisants allaient en Allemagne et en revenaient absolument enthousiasmés. L'un d'entre eux, qui d'ailleurs a été tué à la guerre, passait toutes ses vacances là-bas. Il côtoyait les jeunes allemands et me racontait combien ces types étaient épanouis, sportifs. Beaucoup faisaient du planeur – en France, on ne savait pratiquement pas ce que c'était –des centaines de pilotes ont été formés de cette manière! On sentait que ce pays bougeait, qu'il était sorti de la crise. Mais, par ailleurs, les aboiements d'Hitler nous effrayaient.

Un certain nombre d'événements entretenaient nos sentiments antibolcheviques : les procès de Moscou, l'enlèvement d'Alexandre Koutiepov – héros de la Grande Guerre, chef de l'émigration russe blanche, il avait été enlevé en plein jour à Paris par le Gépéou en janvier 1930 et son corps n'avait jamais été retrouvé –; nous ne nous faisions pas d'illusions sur la vraie nature du communisme : Staline était le diable.

Cette fausse alternative est l'un des ressorts fondamentaux de la géopolitique de cette époque. Nos pères et nos grands-pères ont été confrontés à un dilemme majeur : choisir entre deux diables.

Depuis que je connais le renseignement, je pense souvent aux hommes du cercle de Cambridge : Burgess, MacLean, Philby, Blunt et Cairncross. Ils n'ont pas espionné pour le compte des Soviétiques dans le but de «trahir leur pays»; ces intellectuels de gauche étaient foncièrement antifascistes, horrifiés par Hitler et les théories nazies, comme on peut l'être aujourd'hui par les outrances d'un Le Pen ou de certains de ses militants. Contre le fascisme ils ont été convaincus, notamment par leur «officier traitant» à Cambridge, que le seul rempart solide était l'URSS. Aujourd'hui, on connaît bien les artifices utilisés par les staliniens et le Komintern pour abuser les intellectuels, mais je suis persuadé que la plupart d'entre eux étaient de bonne foi. Le danger était tel qu'il fallait s'allier avec les Soviétiques. Plusieurs hommes d'État français ont été tentés de recourir à nouveau à la politique d'alliance de revers contre l'Allemagne. Staline lui-même a envisagé un accord avec les Occidentaux pendant quelques mois, mais devant la déliquescence des démocraties française et anglaise, devant la lâcheté de leur comportement, il n'a pas donné suite. Il a laissé venir une mission militaire française à Moscou pendant l'été 1939, au moment où il allait signer le pacte germano-soviétique; elle a été bernée! Tout avait été déjà réglé entre les deux diables.

La France avait perdu la paix

La victoire sur l'Allemagne avait donné lieu à des excès d'autosatisfaction, à des outrances qui ont sans doute été l'expression du soulagement après les terribles épreuves de la Grande Guerre. En 1918, nous avions gagné, et dans l'euphorie générale nous avons oublié que les offensives allemandes de 1918 auraient très bien pu réussir. Le sentiment de supériorité né de la victoire fut une faute politique majeure. Évidemment, il faut tenir compte du climat de l'époque, mais la réalité est que nous étions épuisés. Il y a eu aussi de la part des Américains l'acharnement à réclamer le remboursement des dettes franco-anglaises. Wall Street exigeait de l'argent. Du coup, les vainqueurs se sont retournés contre les vaincus, «l'Allemagne paiera.» Fatalité, réactions en chaîne…

Quand j'ai pris connaissance, beaucoup plus tard, du livre de l'amiral Castex, ses *Théories stratégiques*, j'y ai trouvé une analyse de la Première Guerre mondiale très originale par rapport à tout ce que j'avais appris dans les livres d'histoire.

L'entrée en guerre des Américains en 1917 a fait basculer le conflit au profit des Alliés. On croit souvent que c'est la puissance de l'industrie américaine qui a le plus joué, mais ils n'avaient pas d'industrie d'armement à cette époque. Il y a eu, bien sûr, une incidence politique, psychologique et militaire liée à l'arrivée des *boys* américains sur le front, mais je pense que le véritable élément décisif a été d'ordre financier. Au début de 1917, les gouvernements français et anglais avaient épuisé leurs capacités de crédit auprès des banquiers de Wall Street qui leur avaient, jusque-là, prêté l'argent nécessaire au financement de l'effort de guerre. En entrant dans la campagne, l'État américain garantissait les dettes britanniques et françaises, ce qui nous a permis d'obtenir de nouveaux crédits pour poursuivre la guerre.

Autre épisode passionnant que révélait l'amiral Castex : le rôle déterminant qu'avaient joué les services de renseignements de l'Amirauté britannique. À ce moment, cela m'avait frappé et je m'en souvenais très précisément quand, cinquante ans plus tard, je me suis moi-même trouvé propulsé, presque par hasard, à la tête des services français.

C'est l'Amirauté britannique qui, grâce au commandant Hall, a constitué le fer de lance du renseignement politique et stratégique de l'époque. Les Britanniques avaient réussi à poser des « écoutes » sur les câbles télégraphiques transatlantiques. En particulier, ils interceptaient les conversations diplomatiques de l'Allemagne... et aussi celles des États-Unis! Dans les décryptements des communications allemandes, ils ont trouvé un télégramme – le « télégramme Zimmerman » – qui provenait du ministre des Affaires étrangères allemand à destination de son ambassadeur à Mexico lui conseillant de susciter des troubles aux États-Unis, notamment de monter les populations mexicaines de l'Arizona contre les Américains. Il s'agissait bien d'une tentative de déstabilisation. Hall et Winston Churchill, qui était premier lord de l'Amirauté, ont compris qu'ils détenaient là une véritable perle. Un montage permit aux Anglais de faire passer cette information aux Américains sans leur dire comment ils l'avaient obtenu. Ils n'y ont vu que du feu! La presse, que l'on avait volontairement informée, s'est emparée de l'information et cette bévue allemande a contribué à faire basculer l'opinion publique américaine, scandalisée d'apprendre que l'Allemagne avait cherché à s'immiscer dans les affaires internes des États-Unis. Le torpillage du *Lusitania*, un paquebot britannique coulé en 1915 par un sous-marin allemand au large de l'Irlande, avait fait 1 200 morts dont 118 Américains. Mais cela n'avait pas suffi à faire évoluer les mentalités en faveur de la guerre. L'épisode du télégramme est un de ceux qui ont convaincu Churchill de l'importance de l'action clandestine et des services secrets. Il manifestera le même intérêt pendant la Seconde Guerre mondiale, notamment en 1940 quand il s'est investi dans l'affaire de la machine *Enigma*. Les services secrets britanniques, initialement aidés par les services secrets français et polonais, avaient réussi à percer le système de cryptage de la machine *Enigma*, appareil révolutionnaire utilisé par les Allemands pour coder leurs messages. Ce fut un des plus grands succès de la guerre secrète. Les Britanniques s'en servirent tout au long de la guerre mais ne le révélèrent qu'en 1965!

Après les grèves de 1917, la machine de guerre s'était remise à fonctionner grâce au nouvel apport d'argent américain. Particulièrement en matière d'aviation, mais aussi pour les munitions, l'artillerie et la fabrication de chars. La France a servi alors d'arsenal à l'ensemble des armées alliées. À l'inverse, l'industrie américaine était restée essentiellement axée sur les biens de consommation. Alors qu'en 1918 nous nous sommes retrouvés avec d'énormes capacités dans l'industrie de guerre, l'économie américaine était bien mieux adaptée aux besoins de l'après-guerre. Évidemment, il y eut à l'époque des responsables suffisamment avisés qui tentèrent d'infléchir le cours des choses, mais le pays était épuisé; nous n'avions plus la force ni le dynamisme nécessaires pour réussir cette reconversion.

Le rôle social de l'officier

En dépit de la victoire, la boucherie de 1914-1918 a terni l'image de l'armée et des militaires de carrière. Parallèlement, l'armée coloniale, avec tout ce qu'elle évoquait d'exotisme et d'aventure, restait une valeur positive. Je me rappelle un des moments forts de cet entre-deux-guerres, l'Exposition coloniale de 1931 à Vincennes inaugurée par le maréchal Lyautey. Des centaines de milliers de personnes avaient pu y découvrir l'Empire français et prendre conscience du rayonnement de l'Hexagone dans le monde au travers de ses colonies. La «Coloniale», comme on disait, comptait pour une part dans ce rayonnement.

Une grande partie de l'héritage de l'armée française provient de l'exemple laissé par Gallieni et par Lyautey. Je continue à y croire aujourd'hui : un militaire, un officier, a un rôle social important à jouer. Non seulement vis-à-vis des hommes qui sont sous ses ordres, mais également à l'égard de l'ensemble de la Nation. De nos jours, en raison de la complexité de la guerre «high-tech», l'homme se trouve noyé dans une machinerie qui livre une sorte de gigantesque match contre une équipe adverse, à coups d'avions, de bombes, de missiles, de satellites. C'est la guerre «presse-bouton», celle de la haute technologie, la guerre des «cent secondes», comme le dit le général Gallois en évoquant les échanges d'armes nucléaires ultrasophistiquées. Mais les nouveaux conflits, tel celui de la Yougoslavie, ont montré que les militaires sont appelés à jouer le rôle de pacificateurs, comme l'armée de Lyautey l'a fait au Maroc au début du siècle.

Un des bateaux que j'ai commandés portait le nom d'un amiral français, *Jauréguiberry*, qui, à la fin de sa carrière, durant la guerre de 1870, a commandé l'armée de la Loire contre les Prussiens. Il avait pris part comme jeune officier à une première expédition pour l'Indochine. Le commandant du groupe de quelques bateaux, après avoir remonté la rivière de Saigon, avait débarqué le jeune Jauréguiberry et une trentaine d'hommes avec pour mission de pacifier la région. Neuf mois plus tard, au retour des bateaux, toute la Cochinchine était pacifiée. Il est évident qu'il n'avait pas obtenu ce résultat par la force de ses armes mais par une politique avisée dans la continuité de l'œuvre des missionnaires qui l'avaient précédé.

Une autre image de marin exceptionnel, qui m'a toujours fasciné, est celle de Savorgnan de Brazza. D'origine italienne, mais servant comme officier dans la marine française, il avait été scandalisé, en arrivant au Congo, par la situation : les roitelets nègres vendaient encore leurs propres sujets aux trafiquants blancs installés sur la côte, qui pratiquaient le commerce du « bois d'ébène ». Pour y mettre fin, à lui seul, il a pacifié le territoire en quelques années. Son souvenir est tel que, même après l'indépendance, la capitale du Congo a conservé le nom de Brazzaville.

Ce sont des exemples d'une tradition militaire qui veut que l'on montre sa force pour se faire respecter et non pour opprimer, où l'on n'est animé ni par la haine ni par le besoin de s'enrichir ou la volonté de faire la guerre, mais par le souci d'établir la paix et la justice. C'est le contraire du schéma de la guerre « zéro-mort », ce modèle américain qui accorde plus de prix à la vie d'un seul de ses soldats qu'à celle de milliers de victimes chez l'adversaire.

Une des réussites les plus éclatantes en matière de colonisation est celle du maréchal Lyautey, qui a réussi à construire un pays en lui conservant sa personnalité. Lorsque je suis arrivé pour la première fois à Casablanca en 1943, je suis tombé en admiration devant cette ville, dont la conception urbanistique n'avait d'égale que sa bonne administration. Quand on sortait de la ville pour aller dans le bled, on passait devant des propriétés bien tenues, du matériel agricole en parfait état… Bien sûr, les Marocains restaient en position inférieure, les paysans étaient au service des colons, mais les rapports étaient humains, je n'ai pas vu beaucoup de marques de mépris de la part des Européens à leur égard. J'ai été frappé, au contraire, d'observer de nombreux signes témoignant de la volonté de respecter la personnalité, voire l'indépendance du pays. Les entreprises nationales s'appelaient : « Office chérifien des phosphates» ou «Chemins de fer chérifiens». Les services publics : poste, police, écoles, n'étaient pas français, ils étaient marocains. Par la suite, quand je suis allé en Algérie, j'ai eu l'impression de me retrouver dans une province française, avec sa petite bourgeoisie, ses Européens pas vraiment arrogants mais généralement méprisants vis-à-vis des «bicots». Il s'agit évidemment d'une perception très partiale et très subjective des choses, mais ces impressions m'ont profondément marqué.

Le «pacte colonial» a été une des formes du protectionnisme à la française : on met en place des barrières douanières qui permettent de faire du commerce à l'abri de la concurrence. J'ai pu observer ses effets, plus tard dans les années soixante, en Nouvelle-Calédonie. C'était encore tout à fait caricatural. Certains «colons» s'étaient créés par ce système des chasses gardées, de véritables rentes de situation. On comprend mieux pourquoi il est si difficile de faire progresser les réformes.

Il y a toujours eu des parasites pour profiter des situations de guerre – je pense aux munitionnaires de l'Ancien Régime, de la Révolution et de l'Empire –, y compris au temps de la colonisation. Dans les colonies françaises, aux côtés des soldats, des administrateurs et des médecins, des commerçants avides, des aventuriers et des éléments de la pègre s'étaient implantés.

Nous n'avons pas été capables de proposer aux Africains un modèle de société différent du nôtre. Nous avons tenté de former des élites locales qui ont étudié dans nos écoles, mais nous avons surtout fabriqué des technocrates à qui nous avons appris à calquer l'administration française : cela a produit des gens brillants mais totalement décalés par rapport aux réalités du tissu social africain. C'est à mon avis le plus grand tort de la politique africaine française dans les années qui ont suivi la décolonisation jusqu'à aujourd'hui. Les dérives les plus graves sont intervenues après les indépendances, la «souveraineté» nouvellement acquise permettant aux plus malins de confisquer pouvoir et richesse aux dépens de leurs concitoyens en échappant au contrôle des cadres français qui, auparavant, savaient limiter les excès.

Des mots ringards

Je me rends compte aujourd'hui que mes parents m'ont inculqué de solides vertus, très ancrées dans une tradition française humaniste et chrétienne. Je n'étais pas un orphelin parachuté de n'importe où. J'ai essayé de transmettre à mes enfants cet héritage; l'appartenance à une famille, à des racines. En matière d'éducation, je crois plus à l'exemple qu'on donne qu'aux longs discours. Une petite anecdote me revient en mémoire à ce sujet. Ma femme, toujours pleine de bon sens, refusait de prendre en compte les mesquines récriminations des enfants. Lorsqu'elle découpait une tarte et que les parts n'étaient pas égales, elle leur disait : «peu importe si tu as une part plus petite aujourd'hui, tu en auras une plus grande demain… Cela n'a pas d'importance! On ne se bat pas pour si peu!» Ce n'est qu'un tout petit détail, mais c'est avec des éléments très concrets, très réalistes, très simples qu'on bâtit une éducation.

Il y a des mots que l'on ne peut plus employer aujourd'hui sans paraître vieux jeu ou ringard. Ainsi le mot «patriotisme». Quand je pense à ce que la génération de mes parents a enduré pendant la guerre de 1914-1918, à l'ambiance dans laquelle ma génération a été élevée entre les deux guerres, je mesure à quel point ce principe est devenu désuet. Je me dis que nous avons mal transmis notre savoir, que nous n'avons pas su passer le témoin… La défaite de 1940 et les guerres de décolonisation mal engagées que la France a faites et qu'elle a perdues y sont pour beaucoup. Aujourd'hui, il faudrait mettre en avant d'autres formules, comme celle de «connivence nationale» ou d'«intérêt collectif». Le patriotisme se réduit trop souvent au chauvinisme sportif. Devant les défis de la mondialisation, il devrait se manifester plus fortement pour défendre les intérêts économiques de la collectivité nationale.

2. Les années de guerre

La drôle de guerre

Je garderai toujours le souvenir du 3 septembre 1939, le jour où la France et la Grande-Bretagne ont déclaré la guerre à l'Allemagne qui venait de signer le pacte germano-soviétique et avait envahi la Pologne. J'étais avec ma mère à Boulogne-sur-Mer, où nous avions rendu visite à des amis. Je me vois sur la plage, face à la mer, et j'entends encore les commentaires des passagers de l'autocar qui nous ramenait chez nous, ces gens de la côte qui réagissaient en marins à une des nouvelles diffusées par la radio : la chasse au paquebot allemand, l'*Emden*; on espérait que les marines alliées pourraient l'intercepter, ce serait un premier succès pour nos armes... C'était un avant-goût de la propagande qui n'allait pas cesser, pendant les mois de la drôle de guerre, de masquer les insuffisances, les carences et les retards de notre préparation : « Nous vaincrons parce que nous sommes les plus forts », « La route du fer est définitivement coupée ». Je me souviens aussi de cette campagne dérisoire de l'hiver 1939-1940 en faveur du « vin chaud du soldat », alors que les armées étaient inertes sur un front immobile; c'était une bonne affaire pour le lobby pinardier, ce produit exemplaire de la vieille complicité qui avait toujours uni les radicaux-socialistes du Sud-Ouest et les colons d'Algérie, ceux-là même qui portent une si lourde responsabilité dans le constant immobilisme de la politique algérienne de la France. Ou encore ces affiches : « Taisez-vous, méfiez-vous, des oreilles ennemies vous écoutent», qui n'ont pas dû beaucoup gêner les activités des agents d'influence d'Hitler et de Mussolini.

Mon père, malgré ses presque soixante ans, avait été mobilisé. Il avait retrouvé sa tenue de lieutenant datant de la guerre de 1914 et occupait un poste dans un service du Génie à Paris. Quant à moi, j'étais élève au lycée Saint-Louis, boulevard Saint-Michel, à quelques pas de chez moi. L'Administration avait fait passer une circulaire afin de recenser ceux qui auraient la possibilité d'être accueillis en province au cas où, la guerre étant déclarée, la capitale devrait être évacuée. Mes parents ayant répondu qu'ils avaient de la famille dans le Sud-Ouest, j'ai été obligé de rejoindre le lycée Fermat de Toulouse où je fus inscrit en première.

C'est là que j'ai vécu les dramatiques semaines de mai et juin 1940, la débâcle des armées françaises, le déferlement des réfugiés belges, bientôt suivis des Français; les blessés, les familles dispersées, les centres d'hébergement improvisés où nous nous efforcions de leur porter secours. Puis ce fut la fuite du gouvernement de Paris jusqu'à Bordeaux, la voix chevrotante du maréchal Pétain demandant l'armistice.

Le cousin de ma mère, chez qui je demeurais, était proche de l'Action française. Je n'oublierai jamais sa réaction de militant se précipitant à Vichy pour faire sa cour à Maurras, sa volonté de revanche sur les gouvernements de gauche, «les mensonges qui nous ont fait tant de mal». Je me suis rendu compte, quelques années plus tard, que la plus grande faute des hommes de Vichy fut de ne pas comprendre combien il était indécent de se lancer dans une «révolution nationale» et de changer de régime alors même que l'ennemi occupait la moitié de notre sol, ses soldats campant dans notre capitale. La droite française, en acceptant d'être l'interlocuteur de l'occupant, a perdu l'occasion unique de conquérir une légitimité durable au sein de la population, puisqu'elle offrait à ses adversaires cet argument décisif, qui revenait à mettre pêle-mêle dans le même panier la droite, le gouvernement de Vichy et la collaboration avec les nazis. La chasse aux francs-maçons, l'antisémitisme et le procès de Riom n'ont fait qu'aggraver cette faute originelle, cause de la plupart des péripéties ultérieures de la politique française.

Pour un jeune garçon de seize ans, qui avait toujours rêvé d'entrer dans la marine, le drame du 3 juillet 1940, l'attaque de la flotte française de Mers el-Kébir par une escadre anglaise, fut un événement capital. Comme pour nombre de mes compatriotes, cette traîtrise de l'allié d'hier contribua beaucoup au succès des thèses nationalistes de Vichy. Je me souviens de la visite du «vainqueur de Verdun» à Toulouse, les drapeaux, les prises d'armes, les flonflons de la révolution nationale, de Gaulle fustigé comme un traître au service de la perfide Albion... La marine n'avait pas perdu de bataille, Darlan bénéficiait à mes yeux d'un grand prestige.

Je retournai à Paris en octobre 1941. L'École navale avait été rouverte en zone libre, il y avait à nouveau un concours; j'intégrai donc la classe de préparation du lycée Saint-Louis. Mes opinions sur Vichy avaient déjà bien évolué, mais le spectacle de la capitale occupée, des drapeaux à croix gammée flottant sur nos monuments, de l'orchestre de la Luftwaffe donnant des concerts dans le kiosque à musique du jardin du Luxembourg – l'état-major s'était installé au Sénat –, toutes ces réalités, insupportables conséquences de la défaite, m'ont définitivement ouvert les yeux. Je n'avais plus qu'une idée en tête : partir, rejoindre l'Angleterre, de Gaulle, les Forces navales françaises libres. Mais c'était très difficile, je ne connaissais pas de filière à Paris, je n'avais pas les bonnes adresses.

L'Afrique du Nord

C'est seulement après le débarquement allié de novembre 1942 en Afrique du Nord que de nouvelles opportunités se sont présentées : il n'y avait plus de zone libre, tout le pays était maintenant occupé, mais on pouvait se rendre clandestinement dans le Midi et tenter une évasion par l'Espagne.

Accompagné de mon frère et de quelques compagnons, nous avons pris le chemin du départ au mois de mai 1943. Nous sommes passés par Toulouse sans contacter notre famille et avons gagné la montagne, de nuit. Contrairement à beaucoup de nos camarades, nous ne nous sommes pas fait prendre par les patrouilles allemandes, et nos passeurs ne nous ont pas trahis. Nous avons pu franchir les montagnes enneigées sans encombre et redescendre par le versant espagnol. Mais, au bout de trente-six heures, nous avons été cueillis par la Guardia civil.

La plupart des Français qui franchissaient clandestinement la frontière étaient envoyés dans une sorte de camp de concentration à Miranda. Dans notre cas, ce fut dans une prison improvisée, aménagée dans le vieux séminaire désaffecté de Lérida. Nous n'en serions pas sortis, sans les pressions que les Alliés, en particulier les Américains, exerçaient alors sur le gouvernement de Franco en restreignant les livraisons de blé et autres marchandises à l'Espagne. Libéré sous caution, toujours en compagnie de mon frère, j'ai séjourné trois mois à Barcelone en attendant qu'on nous expulse vers l'Afrique du Nord. Nous étions obligés de nous présenter chaque semaine au commissariat, et notre unique source d'argent provenait des fonds d'aide aux réfugiés qui nous versaient vingt pesetas par semaine. Puis nous avons proposé nos services aux Alliés, et c'est ainsi qu'installés initialement au consulat américain de la Plaza Catalunia, nous avons participé aux activités clandestines des services secrets d'Alger. Bien des années plus tard, en parlant avec le colonel Paillole, je compris que j'avais eu le privilège, sans le savoir, de travailler sous ses ordres au sein de l'antenne qui a joué un rôle capital dans les liaisons entre le Gouvernement provisoire et la Résistance métropolitaine.

Ce n'est qu'au mois de novembre que des bateaux ont été autorisés à nous acheminer vers le Maroc à partir de Malaga.

En arrivant à Casablanca, j'ai éprouvé une double déception.

La première, la plus grave, fut la confirmation de ce que j'avais entendu en Espagne, sans vraiment y croire, concernant la scission au sein du Gouvernement provisoire français. Les Espagnols nous demandaient régulièrement si nous étions «pour dé Gaoullié ou pour Riraoud». Hélas, la discorde régnait effectivement en Afrique du Nord et nous avons été sollicités par les sergents recruteurs gaullistes et giraudistes qui voulaient nous entraîner dans leurs camps respectifs. Quel scandale pour tous ceux qui, comme nous, n'avaient pour seul désir que libérer la France!

Ma seconde déception, plus personnelle, a été d'apprendre que je devrais attendre de nombreux mois avant de réaliser mon rêve d'embarquer sur un navire de guerre. J'appris que l'on avait recréé une École navale à Casablanca pour former des officiers de marine selon le schéma traditionnel, mais dans des conditions évidemment très dégradées, puisqu'il n'y avait quasiment pas de candidats du niveau de maths sup en Afrique du Nord. Plusieurs sessions d'examens furent organisées afin de recruter des élèves de maths élém, et il fallut attendre quelques mois pour ouvrir les cours de l'année 1943. Quand plusieurs de mes camarades et moi, qui venions des classes préparatoires de la métropole, sommes enfin arrivés à Casa, le 2 novembre, on nous a fermé la porte au nez en nous conseillant de nous inscrire au lycée de Casablanca pour préparer le concours de Navale de l'année 1944. J'enrageais d'avoir fait tout ce périple pour m'entendre dire ça! Heureusement, il existait, dans les mêmes locaux et avec les mêmes professeurs, des cours destinés à former rapidement des officiers de réserve; je me suis inscrit dans le premier qui s'ouvrait. La formation durait moins de cinq mois, à la suite desquels on partait – enfin! – sur un bateau. Pendant ce temps-là nos voisins, futurs officiers d'active, devaient suivre neuf mois de cours; ça faisait plus sérieux!...

J'évoque cet épisode médiocre parce qu'il a toujours été pour moi un symbole de ce que peut être la bêtise administrative, l'application stupide des règlements, l'inertie des mentalités incapables de s'adapter à des situations d'exception! Pendant la guerre de 1914, la marine n'avait pas agi de la sorte : elle avait créé des cours accélérés pour tous les futurs officiers, sans distinction d'active ou de réserve, et on les embarquait aussitôt sur les bateaux. À la fin de la guerre, ceux qui souhaitaient rester dans la marine ont repassé des examens et les activations ont été décidées au vu de leurs dossiers de guerre autant que du résultat de ces examens.

Le patron de l'École navale, un amiral, me prit en affection et, sachant mon désir de devenir officier d'active, il m'encouragea à passer le concours d'entrée à l'École navale de mai 1944. Le premier soir de l'écrit, je suis tombé très malade : une crise de colique hépatique m'a laissé à l'hôpital pendant quinze jours. Tout de suite après, il y a eu les examens de sortie du cours d'officiers de réserve d'où, malgré mon extrême faiblesse, je suis sorti major. La semaine suivante, je passais l'oral de l'École navale sur des programmes que j'avais un peu oubliés depuis le lycée Saint-Louis. L'amiral avait obtenu de l'état-major de la marine une dérogation pour que je passe l'oral à condition de rattraper tous les points perdus à l'écrit – on m'avait mis zéro à toutes les épreuves que je n'avais pas passées. Finalement, j'ai aussi été reçu à cet examen et je me suis retrouvé en juin 1944 avec la double qualité d'officier de réserve et d'officier d'active.

Paradoxalement, c'est cette situation qui, par une autre aberration administrative, m'a empêché de rallier la frégate sur laquelle j'avais été affecté en Angleterre. Dans les semaines qui suivirent, les Alliés débarquèrent en Normandie et en Provence. La capitale libérée, on m'imposa d'attendre à Alger que mes camarades qui, en France, avaient été reçus à des concours analogues à celui de l'École navale puissent rallier l'Afrique du Nord. Finalement, ce n'est que fin janvier 1945 que j'ai pu embarquer sur le *Sénégalais*, un destroyer d'escorte de construction américaine.

Fin de guerre en Méditerranée

Pour mon premier poste d'officier, à bord du *Sénégalais*, j'ai trouvé une excellente ambiance : l'hostilité qui avait opposé les marins gaullistes, les «FNFL», à ceux de «la marine de

Vichy» n'avait plus cours. Dans notre division, il y avait un bateau du même type dont les hommes d'équipage, appartenant aux FNFL, étaient en majorité de fortes têtes. On se rendait bien compte que les Français libres avaient dû accepter tout ce qu'ils avaient pu trouver... et on ne pouvait pas leur en tenir rigueur.

Sur le *Sénégalais*, malgré mon unique galon, j'étais officier de quart, et en tant que membre de l'état-major j'avais des responsabilités dans plusieurs services : l'artillerie, la détection, les transmissions. Je participais pleinement à la vie opérationnelle du bateau. Nous escortions des convois en Méditerranée. Des vedettes et des forces légères allemandes étaient encore dans le nord de l'Italie, qui faisaient quelquefois preuve d'agressivité. Tout n'était pas complètement liquidé, il restait des champs de mines, les ports étaient effroyablement détruits... C'était la fin de la guerre, mais c'était encore la guerre. Nous faisions ce métier de «chien de berger» dévolu aux escorteurs, même si les risques étaient bien moindres que du temps de la bataille de l'Atlantique.

Les conditions du combat en mer sont très différentes de celles des combats terrestres. À bord, le risque majeur est de se retrouver à l'eau, les blessés nageant parmi les cadavres dans le mazout en feu. Les balles ne vous sifflent pas aux oreilles, le risque est plus collectif, la sécurité s'organise en fonction des menaces d'explosion, d'incendie et de voies d'eau. La responsabilité d'un officier de marine au combat s'apparente plus à une action des pompiers ou du SAMU qu'à celle de chef d'une section de fantassins. Il faut d'abord sauver le bateau, remettre en ordre ses moyens de combat. Aussi, le courage individuel ne s'exprime pas de la même façon. À l'inestimable fraternité qui unit les combattants sous le feu de l'ennemi, quand ils se protègent les uns les autres pour sortir d'une situation difficile, correspond dans la marine une autre forme de solidarité, plus «professionnelle», qui permet cependant aux caractères les mieux trempés de se révéler. Mais chaque fois que des marins se sont battus à terre, en France, en Indochine ou en Algérie, ils ont montré qu'ils n'étaient pas inférieurs à leurs camarades de l'armée de terre. Les uns et les autres, nous sommes formés dans l'esprit militaire, conscients des obligations et des servitudes de notre état.

L'année précédant mon arrivée à bord du *Sénégalais*, alors qu'il pourchassait un sous-marin allemand sur les côtes d'Algérie, le bateau avait été à moitié démoli par une torpille acoustique : toute la partie arrière avait été soufflée, causant des pertes sévères, des dizaines de morts et de blessés. Mais les cloisons étanches avaient tenu le coup et il avait pu être remorqué à travers l'Atlantique pour rejoindre son chantier de construction aux États-Unis, où on lui avait soudé un nouvel arrière. Miracle de l'ingéniosité et de la puissance de l'industrie de guerre américaine! Quelques mois plus tard, le navire reprenait sa place dans les forces françaises en Méditerranée.

La Seconde Guerre mondiale a beaucoup plus traumatisé la marine que les deux autres armées. Pour l'armée de terre, la défaite de 1940 a été une des plus grandes faillites de notre histoire militaire, l'échec d'un corps d'officiers d'état-major qui s'est complètement discrédité. Pire, en 1942, l'armée métropolitaine «d'armistice», forte de cent mille hommes, n'a pas bougé quand les Allemands ont franchi la ligne de démarcation! Heureusement, grâce aux actions de plusieurs grands patriotes, dont la plus déterminante fut sans doute celle du général Weygand, beaucoup d'hommes avaient pu être transférés en Afrique du Nord. Il faut aussi rendre hommage au général Giraud, car c'est bien lui qui a obtenu des Américains les matériels nécessaires pour nous armer et constituer les nouvelles divisions qui ont participé aux campagnes de Tunisie, d'Italie et de France. Après les «Français libres» des Leclerc et autres compagnons initiaux de De Gaulle, les soldats de Juin et de De Lattre de Tassigny ont, eux aussi, sauvé l'honneur de l'armée française.

Pour l'armée de l'air, les rapports de forces furent nettement défavorables dès 1940. On oublie trop souvent qu'elle infligea de lourdes pertes à la Luftwaffe, mais nos escadres étaient exsangues. En 1943, l'aviation française ne représentait plus qu'une force très marginale par rapport à celle des Alliés.

Pour la marine, les événements furent plus dramatiques encore. J'ai déjà évoqué l'attaque de Mers el-Kébir le 3 juillet 1940. Le même jour, au petit matin, les Britanniques avaient fait un coup de force contre tous les navires de guerre français alors présents dans leurs ports. Les officiers et les équipages, emmenés à terre, avaient été sommés de se rallier à l'Angleterre ou à de Gaulle. La présence de l'amiral Muselier, qui avait été l'un des premiers à suivre le Général, mais qui était aussi un des officiers les plus controversés de l'avant-guerre, ne contribuait pas à donner une bonne image de marque des rares «Français libres» d'alors. Plus lourde encore de conséquences fut la tentative avortée de De Gaulle sur Dakar quand, croyant rallier la colonie, il arriva avec une escadre anglaise vite repoussée par les forces restées loyales au gouvernement de Vichy. Pour avoir été soutenu par les cuirassés de la Royal Navy, il apparut à beaucoup de marins comme un traître aux ordres de l'Angleterre.

La marine, qui contrairement aux deux autres armées avait conservé tout son prestige pour n'avoir pas été défaite en 1940, n'en fut pas moins largement compromise avec le régime du maréchal Pétain. Darlan avait placé des amiraux partout, y compris à Paris où le préfet de police était un amiral. Il est incontestable que le corps des officiers était plus réceptif que d'autres aux thèmes de la révolution nationale, et que la proportion de sympathisants à l'Action française y était assez élevée. Ces *a priori* politiques jouèrent un grand rôle dans la suite des événements, de même que la rivalité entre l'amiral de Laborde et Darlan a été un des facteurs décisifs du sabordage à Toulon le 27 novembre 1942.

On a parfois qualifié ce drame de geste héroïque. S'il nous a épargné la honte supplémentaire de la capture des vestiges de notre flotte par les Allemands, il n'en reste pas moins que c'est le lamentable aboutissement d'une série de fautes et de malentendus. Quelques jours auparavant, une autre méprise s'était soldée par la mort inutile de centaines de marins dans les combats fratricides des débarquements américains au Maroc et en Algérie. On sait maintenant que la marine française était avertie, mais que Darlan n'a pas voulu y croire. Après Staline refusant d'écouter les avertissements qui le prévenaient d'une attaque allemande en juin 1941, après Roosevelt méconnaissant les menaces japonaises avant Pearl Harbour, cet épisode est un nouvel exemple du blocage psychologique qu'éprouvent les hauts responsables lorsqu'ils sont confrontés à des renseignements qui ne correspondent pas à leurs idées préconçues.

Si les marins se sont montrés farouchement antibritanniques, à l'inverse ils ont entretenu des relations amicales avec les Américains; l'amiral Leahy, représentant personnel de Roosevelt à Vichy, y a certainement beaucoup contribué. En Martinique, en application d'un *gentlemen agreement*, nos navires n'ont pas été inquiétés. À l'instar de ceux qui avaient été désarmés dans le port d'Alexandrie après que l'amiral Cunningham eut refusé de s'en emparer ou de les couler le 3 juillet 1940, alors que Churchill lui en avait donné l'ordre, ils ont pu reprendre le combat à partir de 1943 après avoir été modernisés dans les arsenaux américains.

Pendant les années 1943 et 1944, les rapports entre les officiers de la marine de Vichy et ceux des FNFL sont restés tendus et l'atmosphère sur certains bateaux était particulièrement pénible. Mais, avec le temps, les blessures se sont refermées, aidées en cela par la satisfaction d'être unis dans la guerre contre l'occupant. Un des signes les plus clairs de cette unité a été l'action du général Leclerc, qui n'a pas hésité à intégrer dans sa 2ᵉ DB les plus «vichystes» des marins. Comme les autres marins de l'armée d'Italie qui se sont illustrés sous les ordres du maréchal Juin, ils ont partagé les combats et la gloire de leurs camarades de l'armée de terre; ils étaient présents à la libération de Paris, dans les Vosges, à Strasbourg et jusqu'à Berchtesgaden.

Au sein de la marine, si les cicatrices n'ont pas mis très longtemps à s'effacer chez les hommes de ma génération, il n'en a pas été de même chez les plus anciens. La plupart de nos chefs d'état-major – à l'exception de l'amiral Nomy qui me paraît avoir été le plus grand «patron» de la marine d'après-guerre – continuaient d'agir comme s'ils éprouvaient encore un sentiment de culpabilité. Ils ont trop longtemps adopté un «profil bas» vis-à-vis des autres armées et des responsables gouvernementaux : pendant encore une trentaine d'années, les amiraux, même ceux qui avaient servi dans les FNFL, m'ont donné l'impression de porter le poids des péchés de Vichy. Leurs raisons étaient stratégiques autant que financières. À l'égal de la ligne Maginot qui avait coûté des milliards inutiles, la marine avait absorbé une grande partie des budgets de la Défense nationale d'avant-guerre sans en tirer parti aux moments cruciaux de notre histoire. Il faudra attendre les années soixante et la création de la Force océanique stratégique pour que la Nation reconnaisse la place des forces maritimes dans la défense et la sécurité du pays.

En Indochine

Au mois de juin 1947, après un intermède de deux ans pendant lequel j'ai complété ma formation d'officier de marine à l'École navale de Brest et sur le croiseur-école *Jeanne d'Arc*, je me suis porté volontaire pour rejoindre le théâtre des opérations en Indochine.

Cette démarche était en parfaite cohérence avec mes choix personnels : un officier doit se trouver là où le pays a le plus besoin de lui.

Enfin débarrassé des pesanteurs d'un système encore trop scolaire, j'étais à nouveau embarqué, en prise directe avec les réalités de la vie de marin, qui plus est outre-mer et en situation de guerre. J'ai alors pleinement réalisé ce que j'avais toujours eu envie de faire. J'ai eu la chance d'être affecté sur un aviso qui patrouillait tantôt sur les rivières du delta du Mékong, tantôt du sud au nord des côtes de l'Indochine. Nous formions une bonne équipe, un carré sympathique sous les ordres d'un commandant entreprenant et dynamique. Je m'y suis fait des amis que je revois encore aujourd'hui. Nos missions étaient diverses : surveillance de la contrebande sur les côtes; soutien de notre artillerie aux troupes en opérations ou à nos postes attaqués par le Viêt-minh; coups de main menés par le très modeste «corps de débarquement» que je commandais. Le delta se prêtait à toutes sortes d'opérations amphibies tout en nécessitant une étroite collaboration avec l'armée de terre.

Quelques mois plus tard, j'ai été affecté à ce que l'on appelait la «marine en kaki». Sur les bateaux qui n'allaient qu'en haute mer, les équipages étaient habillés de blanc; or tous les marins qui armaient les engins déployés sur les rivières et les arroyos avaient autre chose à faire que se préoccuper d'avoir une tenue blanche impeccable. Nous étions donc habillés en kaki, comme l'armée de terre. Je me souviens de certains épisodes où des représentants de la «marine en blanc» s'offusquaient parce que, en les accostant, nous risquions de salir la coque de leur beau navire!

C'est donc dans les forces amphibies d'Indochine Sud que j'ai effectué mon premier commandement. Il était bien modeste, ce n'était qu'un petit chaland de débarquement de fabrication américaine, sur lequel on avait bricolé un armement hétéroclite, et qui était armé par une douzaine d'hommes. Quelques mois plus tard, j'en ai commandé un autre, plus important. Mais c'est avec ce genre d'engins que nous pouvions nous rendre le plus utiles dans cette guerre d'embuscades et de coups de main. Nous vivions très près de nos camarades, cavaliers ou fantassins, partant parfois pendant plusieurs semaines dans un coin de Cochinchine pour ravitailler et soutenir des postes isolés fréquemment attaqués par le Viêt-minh. En riposte à la guérilla, l'armée régulière s'efforçait de monter périodiquement de «grands coups», de lourdes opérations destinées à détruire les réduits où se terraient les rebelles. La plupart du temps, c'étaient des coups d'épée dans l'eau! Car, si nous avions beaucoup de mal à identifier et à traquer un adversaire qui était dans la population comme «un poisson dans l'eau», selon la formule de Mao Zedong, les Viêts étaient passés maîtres dans l'art de l'espionnage et de l'action clandestine. Combien de charmantes congaïes n'ont-elles pas soutiré des confidences aux officiers d'état-major de

Saigon? La lourdeur de nos procédures, liée aux exigences de notre logistique, trahissait nos intentions aux yeux de ces observateurs subtils. Seuls quelques officiers exceptionnellement doués étaient capables de masquer leurs intentions et de réussir des opérations efficaces. Le prestigieux commandant Ponchardier avait ce talent : avec les toutes premières équipes de Leclerc, en 1946, il avait complètement libéré la Cochinchine en quelques jours. J'ai beaucoup d'admiration pour ceux qui ont servi, comme lui, dans les fusiliers marins; certains ont vécu des aventures bien plus exaltantes et beaucoup plus dangereuses que les miennes. Nombre de mes camarades ont été tués, blessés ou enlevés par l'ennemi, comme cet officier de ma promotion, mon ancien compagnon d'évasion en Espagne, mort sur sa vedette dans un arroyo du delta de Cochinchine...

Durant cette période de ma vie, j'ai éprouvé de grandes satisfactions sur le plan humain et sur le plan professionnel; je n'ai plus rien vécu de pareil depuis lors. J'avais en moi l'enthousiasme de la jeunesse, et j'ai rencontré là celle qui allait devenir ma femme, la compagne de toute ma vie. Assistante sociale en France, elle était partie dès 1946 pour l'Indochine où le Haut Commissariat demandait des volontaires pour porter assistance aux réfugiés, soigner les civils et rapatrier en France ceux qui avaient souffert de l'occupation japonaise. Elle a d'ailleurs vécu des moments difficiles, connu des situations très dangereuses, sans jamais perdre son sang-froid. Elle a, par exemple, rallié Hanoi dans l'après-midi du 19 décembre 1946, le jour où le Viêt-minh a rompu la trêve : cette nuit-là, il y eut de très nombreuses victimes, des dizaines de prisonniers civils ne sont jamais revenus de déportation. Rejoignant l'hôpital au milieu des combats de rues, elle a soigné les blessés et réconforté les survivants pendant de longues journées. Nous nous sommes mariés à Saigon en juin 1948, notre première fille est née à l'hôpital Grall en 1949 et nous sommes rentrés en France quelques mois plus tard.

Cependant, depuis le premier jour de mon arrivée en Indochine je m'interrogeais sur les raisons profondes de notre présence et de notre action sans jamais trouver de réponse satisfaisante. Pourquoi nous battions-nous ? Au-delà de la lutte contre les « rebelles », de la protection de nos concitoyens, y avait-il une issue politique ? Le recours à l'empereur Bao Dai n'était-il qu'un expédient ? Et puis il y avait les résultats souvent dérisoires de nos patrouilles côtières et sur les fleuves, ne remportant jamais aucun succès définitif. Cette guerre faisait tant de morts inutiles, surtout chez ces malheureux paysans vietnamiens, qui en étaient les premières victimes. Même lorsque nous nous adressions aux plus gradés de nos chefs, notre questionnement restait sans réponse. Mais la vie courante, les tâches quotidiennes, les missions à remplir jour après jour nous absorbaient au point de nous faire oublier l'absurdité d'une situation sans issue.

Quelques années plus tard, nous allions nous retrouver dans une position analogue en Algérie. Les avertissements n'avaient pourtant pas manqué. Après la défaite de Diên Biên Phu, malgré les décisions lucides et courageuses prises par Mendès France au sujet du Maroc et de la Tunisie, les groupes de pression habituels avaient bloqué toute véritable évolution en Algérie. L'opinion internationale, à commencer par celle des États-Unis, condamnait brutalement notre « colonialisme » d'un autre âge. Dans les milieux militaires, forts des expériences dramatiques de la guerre subversive, nous voyions monter les périls sans pouvoir agir sur les politiciens d'une IVe République moribonde. Je garde le souvenir très précis d'un de ces avertissements, qui ne fut pas entendu : de passage à Alger en octobre 1952, j'ai rencontré l'un de mes anciens patrons qui commandait alors la Marine en Algérie. Il me raconta que le 2e Bureau de son état-major accumulait depuis plusieurs mois déjà les preuves de l'activité de moins en moins clandestine des nombreux « consuls » américains dans le bled, de leurs contacts avec les milieux d'opposition arabes, de leurs largesses financières et des distributions d'armes. C'était l'époque où un certain sénateur John Kennedy menait ouvertement une virulente campagne antifrançaise... Je rappelle que la révolte n'a éclaté que deux ans plus tard. Qu'on ne prétende pas avoir été pris par surprise!

Pendant ce temps, en métropole, nous nous préoccupions d'une autre menace de guerre, celle qui pouvait éclater un jour prochain entre l'Est et l'Ouest. Les traces de la Seconde Guerre mondiale n'étaient pas encore effacées, nos villes n'étaient pas reconstruites que déjà de sombres nuages s'accumulaient à l'horizon. Le rideau de fer, dénoncé par Churchill, était une dramatique réalité, mais en France la propagande soviétique réussissait à subjuguer une majorité d'intellectuels et de militants communistes. Professionnellement, nous étions immergés dans les préparatifs d'une coopération interalliée selon les procédures et les tactiques anglo-saxonnes; la marine renaissait grâce à l'aide américaine et à un vigoureux effort de reconstruction.

Dans cette ambiance de guerre froide, il ne faisait aucun doute que l'ennemi principal était Moscou, qui disposait à la fois des atouts d'une formidable puissance militaire avec l'Armée rouge, et du potentiel non moins redoutable de la subversion révolutionnaire. Sans être un «anticommuniste primaire», j'avais compris les messages de Koestler dans *Le Zéro et l'Infini*, et je ne doutais pas de la véracité du témoignage de Kravtchenko dans *J'ai choisi la liberté*. Songeant parfois à une éventuelle invasion, semblable à celle que nous avions subie en 1940, j'imaginais les conditions de survie de ma famille et les moyens de résister. De telles préoccupations paraîtront sans doute bien étranges aux jeunes générations qui n'ont pas vécu l'Occupation!

3. La marine

Les années que j'ai passées dans la marine, de 1950 à 1960, ont été celles de la renaissance d'après-guerre. Dans le cadre de l'OTAN et du plan Marshall, et toujours pour se prémunir de la menace soviétique, les Américains nous ont aidé à reconstruire une partie de notre flotte.

En 1953, j'ai embarqué sur le *Surcouf*, le premier escorteur d'escadre – qu'on appelait avant-guerre un contre-torpilleur. À la même époque, à Lorient, on armait une autre série de bateaux plus petits, les escorteurs rapides (les torpilleurs de 1939) ; j'ai eu plusieurs fois l'occasion d'y servir et j'ai été commandant en 1962-1963 du *Provençal*. En 1968 et en 1972, j'ai aussi commandé deux escorteurs d'escadre : le *Jauréguiberry* et le *Maillé-Brézé*.

Les Alliés nous auraient volontiers confinés dans des tâches subalternes d'escorte ou de protection mais, sous l'impulsion de l'amiral Nomy, le gouvernement décida de construire aussi deux porte-avions, le *Clemenceau* et le *Foch*, et une aéronautique navale embarquée en complément des avions de patrouille maritime. Les sous-marins ne furent pas oubliés : deux séries ont été construites à cette époque.

Simultanément, la marine participait activement aux opérations d'Indochine puis d'Algérie. Nombre de nos pilotes ont été abattus, en particulier à Diên Biên Phu. En Algérie, conformément à la tradition des deux grandes guerres mondiales, la marine engagea, en plus des bateaux, des commandos, et l'aéronavale, des régiments de fusiliers marins : la demi-brigade de fusiliers marins, la DBFM, avait en charge les parties occidentales du pays dans la région de la frontière marocaine.

À partir de 1962, la «double révolution nucléaire» allait donner à la Marine nationale, pour la première fois de son histoire, un rôle capital dans la défense du pays. N'étant pas moi-même sous-marinier, je n'ai pas directement participé à la remarquable aventure de la poignée d'hommes, ingénieurs et officiers, qui ont en quelques années conçu, réalisé et mis en œuvre la Force océanique stratégique. Le défi était exceptionnellement difficile, au point que les spécialistes de la marine américaine, qui avaient produit le *Nautilus*, étaient convaincus que nous n'y parviendrions jamais. Il fallait simultanément maîtriser les techniques de la propulsion nucléaire, celles des fusées lancées sous la surface, et celles de leurs têtes atomiques miniaturisées. Il fallait aussi régler les innombrables problèmes de formation des équipages, de mise au point des installations à terre, des systèmes d'entraînement synthétiques, d'organisation des transmissions… et j'en passe!

En 1971, au commandement du *Maillé-Brézé*, j'ai assuré la couverture en mer de Norvège de la première patrouille de longue durée du *Redoutable* avant qu'il n'entre en service opérationnel. De cette époque date l'intégration progressive de la Marine nationale dans une organisation militaire qui est devenue au fil des ans de plus en plus interarmées. Depuis la fin de la Seconde Guerre mondiale, les responsabilités suprêmes, celles de chef d'état-major des armées, n'avaient jamais été confiées à un amiral. Pendant quarante-cinq ans, des généraux de l'armée de terre et de l'armée de l'air avaient alternativement rempli cette fonction. En 1992, pour la première fois, un marin, l'amiral Lanxade, fut désigné à ce poste. Tirant notamment les leçons de la guerre du Golfe, il a donné une vigoureuse impulsion à l'interopérabilité des forces armées françaises et à leur adaptation aux exigences de l'après-guerre froide. Chaque armée garde ses spécialités, ses capacités propres, mais toutes ont appris à se connaître, à s'apprécier et à travailler ensemble.

J'ai donc eu le privilège de passer quarante ans de vie active dans la marine à un moment où elle disposait encore d'un nombre important de bateaux, d'avions et de sous-marins. En 1980, après avoir passé plusieurs années à Paris, j'ai voulu une dernière fois retourner à la mer, refusant une affectation plus prestigieuse pour être en cohérence avec ma vocation et pour appliquer les conceptions tactiques que j'avais développées en théorie à l'École de guerre navale. J'ignorais alors qu'après le commandement de l'escadre de la Méditerranée je quitterais la marine et assumerais d'autres fonctions...

Je ne vais pas développer ici le pourquoi et le comment des forces maritimes. J'ai publié à ce sujet, en 1981, *Stratégies navales, guerre ou dissuasion*. J'avais souvent remarqué la profonde méconnaissance de nos concitoyens quant aux affaires navales. Lorsque des visiteurs venaient sur nos bateaux, la complexité des installations, des radars, des missiles, des moyens de lutte anti-sous-marine et antiaérienne suscitait leur étonnement. Souvent mes collègues se lançaient dans des explications qui ne faisaient qu'augmenter leur perplexité : décidément, la marine restait un monde étrange, un monde à part.

J'ai donc tenté d'expliquer aussi clairement que possible ce qu'est une marine militaire au temps de la dissuasion, en quoi consiste la «puissance navale», et quelle est son importance dans l'histoire. J'ai décrit le cadre particulier de cette guerre qui se déploie à la surface, au-dessous et au-dessus de la mer, contre la terre à partir de la mer et qui dépend de la quatrième dimension : l'espace. J'ai exposé les caractéristiques et les fonctions des «combattants» de la guerre navale : navires de surface, sous-marins, porte-avions et aviation embarquée, sans oublier leurs moyens de détection et de communication et leurs armes offensives et défensives; j'ai également décrit les sous-marins stratégiques et leurs conditions si particulières de déploiement.

Dans une présentation plus dynamique, je parlais du déroulement de la guerre sous-marine et anti-sous-marine, des combats de surface, de la lutte antiaérienne, des forces amphibies et des forces côtières. Mais surtout, j'insistais sur le facteur humain, et sur le rôle et la place des hommes chargés de mettre en œuvre tous ces moyens.

À cette époque, notre principale inquiétude résidait dans la menace que faisait peser la marine soviétique, notamment grâce à ses très nombreux sous-marins. Néanmoins, je m'étais efforcé de montrer l'importance des stratégies indirectes et le rôle que la marine pouvait jouer à cet égard.

Enfin, j'avais insisté sur l'importance des évolutions techniques. La «haute technologie» a un impact capital dans la marine : les «armes intelligentes», la guerre électronique, la guerre acoustique faisaient depuis longtemps partie de nos préoccupations.

Sans entrer dans le détail d'une profession qui m'a passionné, je désire mettre l'accent, en évoquant quelques souvenirs personnels, sur l'institution elle-même, qui sait, malgré ses défauts et quelques archaïsmes, allier modernisme et traditions en vue de la meilleure efficacité possible dans l'exécution de ses missions.

L'école de pilotage

À mon retour en métropole à la suite de mon séjour en Indochine, j'ai été nommé sur un petit bateau, l'*Ancre*, nommé à l'École qui formait les «pilotes de la flotte» à Saint-Servan. Ces officiers mariniers devaient avoir une connaissance sans faille des côtes de France. Avant la guerre, lorsque les radars n'existaient pas encore, il était indispensable d'avoir sur les passerelles des hommes capables de reconnaître au premier coup d'œil les configurations du rivage, d'identifier à coup sûr les «amers», de connaître par cœur les courants, les passages, les écueils…

Bien que devenu archaïque, ce système a perduré quelques années encore. Il était évident qu'il fallait le réformer avant de le voir totalement disparaître. Mais la volonté des réformistes s'est heurtée à une corporation très étroite qui refusa tout changement.

Pendant cette période, j'ai effectué des navigations passionnantes. J'ai parcouru toutes les côtes de France, remonté toutes les rivières, les estuaires... On passait huit mois de l'année à naviguer et le reste en «hivernage» à Saint-Servan, où les élèves suivaient des cours théoriques. J'y enseignais la météo et la navigation. Comme mon commandant de l'époque qui tentait de réformer les archaïsmes, je me suis trouvé en butte à la corporation des pilotes : ils apprenaient des milliers de détails sur la côte, c'était une performance extraordinaire... mais qui ne servait plus à rien! Nous avons essayé de les faire évoluer, de les inciter à devenir de grands spécialistes et praticiens de la navigation. Beaucoup y sont parvenus à titre personnel, mais la corporation en tant que telle a refusé d'évoluer, ce qui entraîna quelques années plus tard la suppression de l'école et, avec elle, la spécialité de pilotes de la flotte devenue une branche morte.

C'est un exemple typique de l'évolution telle que la conçoit Teilhard de Chardin. Dans la nature, certains êtres vivants, certains organismes constituent des rameaux qui se spécialisent de plus en plus; ils atteignent la perfection et en même temps se sclérosent. Ce rameau, le pilotage, la connaissance intime de la côte, des courants, des écueils, était arrivé à une quasi-perfection, mais il était devenu largement inutile. Un peu à la manière de la carapace du homard : parfaite, elle n'est pas dans le phylum central de l'évolution et ne peut donc plus progresser!

Spécialisé dans les transmissions

La formation initiale des officiers se poursuit en général par une spécialisation. Il y a les canonniers – devenus aujourd'hui les «missiliers» –, les transmetteurs, les détecteurs – spécialistes du radar –, les ASM – anti-sous-marins, spécialistes des sonars et des torpilles –, les électriciens... Une autre classification distingue ceux qui servent dans la marine de surface, les sous-marins ou l'aéronautique navale; une troisième distinction sépare «le pont et la machine». En 1951, j'ai été nommé à Toulon sur un autre bateau. C'est aussi à cette époque que j'ai fait l'École des transmissions. J'ai exercé la spécialité de transmetteur pendant six ans, aussi bien embarqué qu'à l'état-major de la marine, à Paris.

Pourquoi ai-je choisi les transmissions? Dans la marine d'avant-guerre, c'était déjà la spécialité la plus ouverte sur l'extérieur. Les transmissions véhiculent les ordres et les informations. Avant l'apparition des radars, la détection était essentiellement optique. On observait à l'aide de jumelles, on communiquait entre navires par pavillons, mais la radio jouait déjà un rôle important. Comme dans toute société, les transmissions, les télécommunications constituent le système nerveux de l'institution…

Dans les «transmissions», certains se passionnent surtout pour les techniques, pour le matériel. Évidemment je connaissais les dernières innovations, j'en suivais les évolutions, mais j'étais surtout intéressé par l'exploitation : les réseaux, la circulation de l'information, l'élaboration des meilleures conditions de distribution aux destinataires. En opération, il faut pouvoir être renseigné, recevoir les ordres et en envoyer, rendre compte, travailler en liaison étroite avec les autres unités. Toute opération navale est la combinaison de différents éléments. À l'époque, on avait encore beaucoup de difficultés liées à une technique imparfaite. Les connaissances acquises dans cette spécialité m'ont beaucoup servi par la suite. Je suis convaincu de la prépondérance des systèmes en réseaux par rapport aux systèmes hiérarchiques, comme en témoignent les performances des circuits modernes d'information.

Jeune officier des transmissions, j'ai été confronté à un problème très stimulant. L'OTAN en était à ses débuts. À l'occasion de grandes manœuvres aéronavales avec les Britanniques en 1953, nous mettions en œuvre un nouveau centre d'opérations dans les souterrains de l'Amirauté à Brest. En face de nous, de l'autre côté de la Manche, il y avait les Anglais qui, après cinq années de guerre, savaient parfaitement manœuvrer les forces navales, les avions, dérouter les convois, etc. Les moyens techniques étaient encore archaïques : des téléimprimeurs, des téléphones; des opératrices poussaient de petites maquettes sur des cartes, comme on le voit encore dans certains films. Nous étions noyés sous un flot d'informations..., des masses de papiers! Les télégrammes arrivaient de partout. Il a fallu très vite réinventer des solutions. Elles passaient par la réorganisation du travail des opérateurs, des nouvelles procédures et des tris plus efficaces pour optimiser le meilleur rendement. C'est à la suite de cette expérience que j'ai été nommé sur le *Surcouf* où j'ai passé deux années très enrichissantes. Mais après cet embarquement, j'ai été récupéré par l'état-major de la marine afin de participer à l'organisation générale de nos transmissions. Il s'agissait moins de créer que de moderniser ce qui existait déjà. Je m'étais toujours passionné pour ces sujets et il m'a été possible, au cours de cette affectation, de publier une nouvelle génération de documents réglementaires.

J'étais à ce poste en 1956, au moment de l'expédition franco-anglaise de Suez. Nous avions eu beaucoup de difficultés à obtenir des Britanniques les facilités nécessaires à notre infrastructure de transmissions basée à Chypre, mais ça ne fonctionnait pas trop mal, notamment avec le *Jean Bart* qui disposait d'une liaison chiffrée performante en relation directe avec la rue Royale à Paris. Deux jours après le débarquement à Port-Saïd, nos troupes progressaient vers le sud le long du canal; le *Jean Bart* se tenait toujours au large, mais les «grands chefs», le général Beaufre et l'amiral Barjot étaient partis à terre sans se préoccuper de garder une liaison avec le bateau. J'ai le souvenir de ces deux dernières heures avant le cessez-le-feu, Guy Mollet à la Chambre des députés nous demandant instamment quelle était la position exacte de nos troupes, et ma rage de constater la légèreté, l'impéritie de ces patrons qui ne se souciaient pas, dans une situation aussi critique, de rester en contact permanent avec l'autorité politique. C'est une leçon que je n'ai jamais oubliée.

L'évolution des techniques permet d'améliorer les conditions de travail et d'efficacité des hommes. En 1956, les matelots avaient encore pour mission de faire à la main le «routage» des messages pour les dispatcher vers les bons destinataires. Aujourd'hui l'informatique se charge de toutes ces opérations. Il y a quarante ans, c'était bien sûr totalement inconcevable. Nous étions encore largement tributaires de la philosophie française des communications téléphoniques datant des premières années du siècle. Les centraux téléphoniques, initialement composés de fiches manipulées par des opératrices, avaient été remplacés par des automates électromagnétiques, mais c'était encore la «commutation de ligne» qui permettait d'établir une liaison physique entre le téléphone de M. X et celui de M. Y. Les Américains avaient développé une philosophie de la communication très différente de la nôtre. Pendant la conquête de l'Ouest, il fallait pouvoir envoyer des messages d'un bout à l'autre du continent, sur des milliers de kilomètres, alors qu'on ne disposait que de rares lignes télégraphiques, qui devaient donc supporter le transit de milliers de messages. Si bien que c'est le message lui-même qui portait des indications nécessaires à son routage. C'est ce qu'on appelle la «commutation de message». De nos jours cette technique connaît un immense développement. Sur le réseau Internet, gigantesque toile d'araignée qui s'étend au monde entier, les «paquets», tronçons d'informations numérisées, naviguent à la vitesse de la lumière sans se perdre grâce aux indications qu'ils comportent.

Je me suis surtout intéressé à la technique en fonction des performances, des résultats qu'elle permet d'obtenir. L'anatomie ne me passionne pas. En revanche, j'aime comprendre ce que sont les fonctionnalités d'un appareil ou d'un système. Je suis d'ailleurs persuadé qu'on pourrait intéresser les enfants à une foule de choses qui les ennuient à l'école – physique, chimie ou biologie – en adoptant systématiquement des explications à caractère «physiologique», fonctionnel, plutôt que des descriptions «anatomiques».

L'esprit en éveil

L'alternance rapide des fonctions et des affectations est une des caractéristiques de la vie militaire; c'est elle aussi qui rythme la vie dans la marine : formation initiale, puis un ou deux postes à la mer; nouvelle période en école pour une spécialisation qui sera suivie d'une affectation sur un autre bateau ou dans un état-major. Tantôt élève, tantôt instructeur, chaque fois une nouvelle expérience, de nouvelles responsabilités; tout cela maintient l'esprit en éveil! Ce système de formation continue est particulièrement enrichissant pour qui veut continuer à progresser. Personnellement, j'ai vécu ces alternances jusqu'à l'âge de cinquante-cinq ans où j'ai passé un an à l'Institut des hautes études de la Défense nationale... Aujourd'hui, à soixante-treize ans, j'ai le sentiment d'avoir toujours quelque chose à apprendre.

La fréquence des différents cycles d'études est particulièrement rapide dans la marine : le marin reste rarement au même poste plus de deux ans, et les formations en cours de carrière ne durent pas plus d'une année, ce qui permet aux officiers de ne pas être coupés des réalités de la vie opérationnelle.

Les autres armées pratiquent aussi l'alternance, mais dans des conditions différentes en fonction de leurs propres nécessités. Dans la marine, elle s'applique aux équipages comme aux officiers. Un simple matelot, pour peu qu'il soit doué et qu'il ait de l'ambition, peut arriver en une dizaine d'années aux grades supérieurs des officiers mariniers, ou même devenir officier grâce aux diverses filières qui lui sont ouvertes. Entre dix-huit et vingt-neuf ans, il aura passé la moitié de son temps à l'école, ce qui lui aura permis de franchir chaque fois un échelon supplémentaire.

J'avais été rebuté par quelques scories de l'ancien système quand j'étais élève à l'École navale ou sur le *Jeanne d'Arc*, mais ultérieurement j'ai trouvé dans les centres de formation une bien meilleure ambiance. Notamment en 1959, lorsque j'ai suivi les cours de l'École de guerre navale à Paris. Nous étions une vingtaine de camarades ayant déjà accumulé une bonne expérience, aussi bien professionnelle que personnelle. Nous avions entre trente-cinq et trente-huit ans, plusieurs d'entre nous avaient commandé des bateaux, des flottilles d'aviation embarquées, des fusiliers marins, puisque tous nous avions fait la guerre en Indochine ou en Algérie. Ensemble, durant neuf mois, nous étions là pour approfondir nos réflexions sur notre propre métier, croisant nos expériences. Nous apprenions également le travail d'état-major, une autre façon de réfléchir, de savoir élaborer des décisions, de concevoir des opérations, des tactiques et des stratégies : un apprentissage professionnel fondamental pour la conduite des opérations de guerre. Enfin, un tiers de notre temps était consacré à la connaissance de la société française. Chaque semaine un professeur de Sciences-Po tenait conférence – nous avions les meilleurs conférenciers. Nous passions quatre jours à la SNCF, trois jours à l'EDF, nous faisions des stages dans de grandes entreprises : c'était – et c'est toujours – une véritable ouverture sur le monde civil.

Durant toute ma carrière, j'ai éprouvé un grand sentiment de liberté, renforcé par la satisfaction d'avoir évolué dans un environnement en accord avec son siècle.

Déjà, lorsque j'étais jeune, par beaucoup d'aspects techniques, la marine avait des matériels très performants. J'ai souvent entendu des industriels dire : « Nous faisons du bon matériel, d'ailleurs nous travaillons pour la marine » ; c'était un excellent label. Certaines exigences de qualité, qui nous semblent banales aujourd'hui, étaient à l'origine typiquement « marine ». Les évolutions des techniques militaires sont pour la plupart liées à celles des systèmes d'armes, soumis à plus d'agressions dans le milieu marin (qui sont les embruns, la mer, le roulis, les conditions de confinement, la chaleur, les explosions, etc.), que dans le milieu terrestre. Cela exigeait une tradition de qualité que l'on retrouvait dans l'industrie. « Vous, les marins, vous êtes des mécaniciens ! » disait le maréchal Foch, avec un soupçon de mépris. Et ce n'est pas tout à fait faux!

Cette tradition d'exigence se poursuit aujourd'hui, notamment avec les sous-marins nucléaires; c'est un des meilleurs exemples, avec les systèmes spaciaux, où les conditions de sécurité sont optimales.

Sur le plan doctrinal, l'expérimentation de la «méthode d'état-major», l'analyse des situations et l'élaboration des décisions, étaient l'occasion d'insister sur la notion de «discipline intellectuelle». On nous disait en permanence : si, pour préparer une opération, un amiral vous demande de procéder de telle et telle façon, vous devez lui faire part de toutes les objections qui vous viennent à l'esprit. On nous apprenait que nous n'étions pas là pour exécuter les ordres géniaux sortis du cerveau d'un chef, mais pour réfléchir avec lui, l'aider à prendre les bonnes décisions. Le «prestige du chef» est un défaut typiquement français : «il a été blessé à la guerre de 1914, il s'est très bien conduit dans telle et telle opération navale, il a gagné des galons et des étoiles, donc il ne peut pas se tromper».

Dans la marine, nous considérons depuis toujours que les officiers d'état-major doivent évoquer toutes les possibilités, les analyser, imaginer diverses solutions, en soupeser les avantages et les inconvénients. Le chef, lui, doit être informé de l'ensemble des hypothèses, avoir entendu différents avis, écouter les objections, en un mot prendre conseil avant de décider : «De tout ce qu'on m'a dit, voilà ce que je retiens, voilà ce que vous allez faire.» À ce moment-là, tous, y compris ceux qui ne sont pas d'accord, considérant que le patron a décidé en son âme et conscience et en toute connaissance de cause, doivent alors tout faire pour que la solution choisie fonctionne au mieux en dépit des obstacles qu'ils avaient identifiés en étudiant le problème.

Ce fut le cas pendant la guerre de Corée. A la suite de graves échecs, les Américains avaient été repoussés au bout de la péninsule coréenne. Après une très sérieuse défaite, ils avaient reconstitué leurs forces, prêts à contre-attaquer. Pour l'état-major du commandant en chef, la solution la plus évidente semblait être de débarquer sur les plages de la presqu'île : l'accès était plus facile et les voies de communication plus courtes. MacArthur, après avoir écouté tous les avis, décida d'attaquer directement au niveau de la capitale, Séoul, en passant par un chenal étroit où les bateaux, très exposés au feu des batteries côtières nord-coréennes, ne pouvaient accéder que durant quelques heures, en fonction de la marée. MacArthur a maintenu sa décision malgré les réticences de l'état-major : il avait mesuré les risques mais avait su mettre en avant l'avantage d'une grande réussite stratégique s'il arrivait à prendre les troupes adverses à revers. Ce fut un succès extraordinaire, une surprise totale pour les Nord-Coréens. L'histoire a montré que s'il avait choisi l'autre solution, il se serait heurté à des défenses beaucoup plus solides et bien préparées car les Nord-Coréens avaient fait la même analyse que son propre état-major et l'attendaient de pied ferme à Pusan.

L'influence anglo-saxonne

Les doctrines tactiques et opérationnelles en vigueur dans la marine des années cinquante-soixante nous venaient directement des Anglais et des Américains. Dès 1941 pour les FNFL, à partir de 1943 pour les autres, nous avons été immergés dans le monde anglo-saxon, dans ses modes de fonctionnement, ses pratiques, ses règlements, beaucoup plus que ne l'ont été nos camarades de l'armée de terre. Cela peut se comprendre : à l'intérieur du territoire dont il a la charge, un régiment peut continuer à utiliser ses propres procédures; il peut aussi ne s'exprimer qu'en français. Les liaisons avec les Alliés s'établissaient par l'intermédiaire d'officiers de liaisons, d'état-major à état-major, mais sur le terrain on continuait à fonctionner selon les méthodes habituelles. Jusqu'à une époque très récente, beaucoup d'officiers de l'armée de terre parlaient mal l'anglais. Ce n'est pas le cas des marins et des aviateurs qui ont été, par nécessité professionnelle, bien plus étroitement intégrés dans les systèmes interalliés.

En 1960, nous ne connaissions plus les règlements opérationnels de la marine de 1939 : ils étaient complètement périmés. Ceux qui avaient participé à la guerre aux côtés des Alliés s'étaient formés à l'usage de leurs documents, à partir desquels, plus tard, nous avons élaboré notre propre réglementation. Mais nous ne savions pas que la doctrine stratégique américaine que nous avions adoptée était elle-même largement inspirée des doctrines militaires françaises. Les généraux et les amiraux américains de la génération des Patton, Eisenhower, MacArthur, avaient parcouru l'Europe et l'Extrême-Orient après la Première Guerre mondiale; ils avaient confronté les doctrines et les règlements des belligérants; ils avaient étudié les batailles, les expériences sur le terrain, les tactiques. C'est à partir de tout cela qu'ils ont établi leur propre doctrine, qui en est la quintessence. Les règlements de base des armées américaines sont remarquables de sagesse et de bien-fondé. Ils ont été mis en œuvre d'une façon extraordinairement brillante pendant la Seconde Guerre mondiale. L'US Navy est passée d'environ trois cent mille hommes en 1939 à trois millions en moins de trois ans. On a vu des épiciers prendre le commandement de bateaux! Des gens formés à partir de rien, n'ayant aucune notion de navigation, ont été instruits en quelques mois. Si l'organisation de base, si les règlements de la marine américaine n'avaient pas été aussi remarquables, cela n'aurait jamais pu fonctionner.

Un autre exemple typique des conceptions militaires américaines nous est donné par le général Marshall. Cet homme a été à juste titre considéré de son vivant par ses compatriotes comme l'un des plus grands hommes de l'histoire américaine. Pendant la Seconde Guerre mondiale, il aurait pu obtenir les postes de commandement les plus prestigieux, en particulier celui de commandant en chef sur le théâtre européen. Mais il a choisi de s'effacer derrière Eisenhower pour l'Europe, et MacArthur pour le Pacifique. Il a assumé les tâches ingrates du maître de maison, et fait en sorte que les responsables opérationnels disposent de tous les moyens nécessaires à la réussite de leur mission. Je trouve cette attitude très symbolique du devoir d'un haut responsable militaire (ou d'un haut fonctionnaire). À partir d'un certain niveau, on a mieux à faire que de conduire soi-même les opérations, on doit mettre son expérience et son savoir au service de ceux qui sont sur le terrain. C'est un trait caractéristique de la mentalité américaine : le bon général, c'est celui qui maîtrise sa logistique. En France, le bon général, c'est celui qui a du panache.

Une conception judicieuse de l'efficacité

L'investissement que fait la marine en formant ses personnels à des disciplines particulières dans un système de formation continue trouve sa justification dans les postes qui correspondent à ces spécificités. Comme partout, on recherche l'adéquation entre le besoin et la ressource en partant de l'analyse des fonctions à remplir. C'est évident pour des pilotes capables d'apponter sur des porte-avions ou pour des commandants de sous-marins. C'est systématique, à tous les niveaux, pour les équipages d'une frégate, d'un dragueur de mines ou d'un porte-avions. Dans chaque cas, il faut réunir un ensemble de compétences indispensables à la bonne marche du système.

Un porte-avions est à la fois une usine flottante, une machine de combat, un aérodrome… et une petite cité de plus de mille habitants, truffée de radars, de systèmes de détection, de contrôles des avions, de moyens de navigation, de défense aérienne, de sécurité… La mise en œuvre d'un porte-avions implique la maîtrise d'une quantité de techniques et de procédures, une accumulation d'expériences et de savoir-faire à tous les niveaux, de l'équipage aux officiers mariniers et aux officiers des diverses spécialités. Pour faire fonctionner un tel ensemble, il faut que la marine dispose de personnels dont le niveau d'instruction et de compétence réponde exactement à ces besoins, ce qui exige une gestion très précise de la ressource humaine.

Je constate, compte tenu de l'évolution très rapide du monde, notamment des sciences et des techniques, que les armées en général, et la marine en particulier, sont de tous les secteurs de la société française ceux où les retards se font le moins sentir. Nous avons su nous adapter en temps utile – par exemple au nucléaire –, procéder à des révolutions dans les comportements et les mentalités beaucoup mieux que ne l'ont fait d'autres professions de la société civile. Et pourtant, dans l'opinion publique, les militaires sont réputés pour leur conservatisme! Ces évolutions positives sont en réalité dues à la solidité d'institutions, qui sont capables de former dans de bonnes conditions des hommes de qualité et même d'intégrer les médiocres. Elles savent sélectionner objectivement les meilleurs pour leur confier les plus hautes responsabilités.

Porter le même uniforme

Durant la décennie 1950-1960, je ne peux pas dire qu'il y ait eu dans la marine une voie royale exclusive, une spécialité plus payante que d'autres pour atteindre les étoiles. En revanche, il y avait encore certaines voies d'enfermement, par exemple cette distinction archaïque entre le corps des officiers de marine et celui des officiers mécaniciens qui n'a été supprimée qu'en 1972.

D'un point de vue professionnel, j'accepte parfaitement la notion de stratification des fonctions, par exemple la différenciation traditionnelle entre officiers, officiers mariniers et équipages. À certains égards cette répartition est choquante, surtout s'il s'agit d'une distinction de «classe», mais fonctionnellement elle correspond à des niveaux de connaissances, de responsabilités, de professionnalisme très différents. On ne peut pas se passer de plusieurs niveaux d'encadrement; dans une entreprise il faut des PDG, des ingénieurs, des cadres intermédiaires, des ouvriers, même si les proportions ont beaucoup changé en quelques années. Mais je n'admets pas que des individus entrés dans une de ces catégories y soient enfermés à vie. Je m'insurge contre tout ce qui contribue à pérenniser les différences entre les catégories sociales. C'est le cas dans l'administration française, où l'on trouve des fonctionnaires de catégorie A, B ou C que la direction du Budget comptabilise jalousement dans la mesure où cela correspond à des grilles complexes de traitements indiciaires. Dans la marine, dès avant 1939, on avait créé le corps des officiers d'équipage. Cette solution intelligente, en avance sur son époque, permettait à des sous-officiers de devenir officiers sans passer pour autant les concours de culture générale qu'on exige des officiers sortis de l'École navale. Une formule légèrement différente de celle des «officiers de rang» de l'armée de terre : on trouvait des officiers d'équipage radios, manœuvriers, canonniers, etc. Mais jusque dans les années soixante-dix, ils ne portaient pas exactement le même uniforme que les autres. J'ai eu la chance, quand j'étais à la Direction du personnel, de contribuer à faire disparaître ces distinctions formelles, à moderniser en créant un corps d'officiers de marine dits «spécialisés» fondé sur le même principe : il est plus facile d'évoluer dans sa propre spécialité qu'en ayant à préparer des épreuves à caractère scolaire. On a aussi supprimé les discriminations vexatoires; comme les autres officiers de marine, ils s'appellent désormais capitaine de corvette, capitaine de vaisseau, etc., et portent le même uniforme!

J'ai toujours attaché la plus grande attention à la notion d'égalité des chances. La société française est pétrie de préjugés en ce qui concerne le choix et la sélection de ses élites. Il se trouve que la marine est la seule des armées et des administrations françaises à disposer d'un système de suivi des hommes, de notation et d'évaluation permanente qui permet dans une large mesure de supprimer les critères subjectifs. En quarante ans de carrière, je n'ai quasiment pas connu de cas de piston politique éhonté. Dans toute institution, la répartition statistique des individus, quel que soit le critère choisi, se représente par une courbe de Gauss. D'un côté, elle fait ressortir clairement un petit résidu d'éléments inutilisables, que nous appelions dans notre jargon les «impompables» – il reste toujours un peu d'eau au fond de la cale des bateaux qu'on ne parvient pas à éliminer avec les pompes – de l'autre, elle met en évidence le petit nombre de personnes très nettement supérieures. En multipliant les critères, la décantation se produit, les meilleurs éléments apparaissent indiscutablement, les plus médiocres finissant par s'éliminer.

Je crois que plus un officier a du potentiel, plus il faut le mettre à l'épreuve par des obstacles de difficulté croissante, et en lui faisant occuper des postes variés. Par exemple, celui qui fut le chef d'état-major de la marine de 1992 à 1995 avait passé l'essentiel de sa carrière dans les sous-marins. Il avait toujours été remarquablement brillant. Au grade de capitaine de vaisseau, on lui a confié le commandement d'un porte-avions! Comme il s'est révélé aussi excellent dans cette fonction que dans les autres, il avait fait la preuve qu'il pouvait devenir le responsable suprême de la marine, où il a déployé une fois encore ses éminentes qualités intellectuelles, professionnelles et morales.

Après plusieurs années de suivi attentif de ses officiers, la Direction du personnel de la marine connaît d'autant mieux le profil psychologique et le profil de carrière de chacun, qu'elle dispose d'un système de notation qui est l'un des plus objectifs que je connaisse. Quand un commandant remplit la feuille de notes annuelles d'un de ses subordonnés, il n'a pas connaissance de ses notations précédentes. Dans les autres administrations publiques, civiles et militaires, lorsqu'un cadre change de poste, son dossier de notes est adressé à son nouveau chef. Et si tel notateur l'a eu dans le nez pour une raison quelconque, si tel autre a écrit qu'il avait mauvais caractère, ces appréciations suivent l'officier tout le reste de sa carrière. C'est ce que les psychologues appellent «l'effet de halo» : on ne peut qu'être influencé par ce qui est écrit. En revanche, après plusieurs années passées dans la marine, la collection des feuilles de notes – détenue en un seul exemplaire par la Direction du personnel – présente une vision remarquablement objective d'un individu. Je constate que c'est loin d'être le cas partout ailleurs. La sélection des fonctionnaires répond rarement à des critères objectifs, à des mesures concrètes d'efficacité. La prise en compte de l'ancienneté garantit un minimum de justice, mais c'est aussi une prime à la médiocrité! Tantôt c'est le diplôme initial, l'appartenance à un corps, à une chapelle qui fait l'avancement. Tantôt ce sont les syndicats, les partis, les relations personnelles qui font les carrières. La liberté et l'égalité, inscrites aux frontons de nos monuments publics, n'y trouvent guère leur compte.

Je crois aussi beaucoup à l'influence du contexte général. Une institution, une organisation, un service de bonne qualité sont autant de cadres solides et formateurs qui peuvent tirer le meilleur profit des individus moyens. Au contraire, des gens remarquablement doués donnent de piètres résultats s'ils évoluent dans des cadres médiocres. En France, la classe politique est plus préoccupée par les guerres de clans, plus prompte à polémiquer sur de petites phrases qu'à s'occuper sérieusement de l'intérêt supérieur du pays. J'ai toujours observé que les divisions provoquent la neutralisation des plus belles intelligences et des caractères les mieux trempés.

En revanche, là où l'on dispose de législations, de règlements, de procédures construits selon des principes éprouvés, on obtient régulièrement de bons résultats même de la part d'individus peu brillants. Je crois à la nécessité d'institutions fondées sur des bases historiques solides, sur des expériences accumulées au fil du temps. C'est bien le rôle dévolu aux textes constitutionnels dans les États de droit.

L'héritage structurel de la Marine nationale est fondamentalement sain depuis Colbert. Les principes sont liés à la raison d'être de l'institution, à savoir la mise en œuvre des navires de guerre. Nos bateaux sont faits pour combattre, ils sont aussi conçus de façon que les hommes puissent y vivre harmonieusement. C'est un univers qui, tout en étant «anormal» au regard des canons «terriens», n'en représente pas moins une petite société vivante et stable.

La pérennité des principes d'organisation de la vie des équipages est illustrée par le «règlement du service à bord». Les règles appliquées aujourd'hui proviennent par filiation directe de celles qui avaient été établies au XVIIe siècle. C'est l'exemple d'une institution qui défie le temps. Tout comme les règles monastiques, universitaires, ou d'autres règlements militaires, ces guides sont une assurance contre les effets des «mécanismes pervers». Parfois, sur les bateaux, des conflits éclatent, la tension monte. La plupart du temps, il suffit de se référer aux principes de base, de reprendre les règlements pour s'apercevoir que la situation n'est pas inédite et qu'il existe des moyens pour y remédier.

La marine cultive la responsabilité. Un des symboles est la tradition commune à toutes les marines du monde, qu'elles soient militaires ou marchandes : la responsabilité du commandant. La célèbre formule «seul maître à bord» me paraît désuète, je préférerais «seul responsable à bord». S'il y a un échouage, une collision en mer, un accident maritime grave, c'est le commandant qui est convoqué par le tribunal maritime, quitte à y être félicité pour les manœuvres qui auront permis de sauver son navire. D'autres traditions militaires de même nature se retrouvent dans les forces armées et dans la société civile : le «patron» est responsable.

Les hommes de ma génération sont entrés dans la marine comme on entre en religion. Heureusement, il n'y a plus aujourd'hui de différences majeures entre les militaires et les civils, et il est tout à fait normal qu'après avoir passé dix ou quinze ans sous l'uniforme on entre dans le civil pour commencer une seconde carrière.

Quand on a des galons sur les manches, il est facile de commander : celui qui en a le plus est au-dessus de celui qui en a moins! Dans une entreprise comme dans la plupart des autres institutions, la hiérarchie est moins visible, celui qui commande doit s'imposer par ses capacités. En revanche, les militaires ne connaissent pratiquement pas le phénomène aberrant du parachutage qui place des hauts fonctionnaires – par ailleurs très brillants – à la tête de secteurs auxquels ils ne connaissent rien. Pour moi, c'est une injure faite aux hommes, à leurs compétences, aux institutions elles-mêmes. Je ne considère pas pour autant que les entreprises doivent systématiquement être dirigées par quelqu'un venu de l'intérieur; mais que ceux qui arrivent de l'extérieur fassent preuve d'un peu d'humilité, ne se conduisent pas comme des satrapes, et se mettent à l'écoute des gens !

Lorsque j'étais stagiaire à l'École de guerre navale en 1959-1960, j'avais rédigé une thèse sur « la politique du personnel officier ». Je pensais déjà que la formule populaire « le poisson pourrit par la tête » comporte une grande part de sagesse. Rien n'est plus important pour une institution, une entreprise, une maison de commerce ou une administration, que d'avoir une bonne équipe de direction. Officier de marine, je connaissais bien les défauts, les archaïsmes de notre corps et de son organisation ; j'avais étudié ce qui se faisait dans les pays étrangers et, par comparaison, formulé un certain nombre de propositions en vue d'améliorer le système. Nommé en 1971 à la Direction du personnel à Paris, j'ai pu, avec le soutien bienveillant de mon amiral et l'approbation de l'état-major, mettre en œuvre un bon nombre des réformes que j'avais préconisées quelques années plus tôt.

La place de la marine

Après la guerre, la marine française a réappris les données de la guerre navale, au sens classique du mot, en profitant de l'expérience des Anglo-Saxons. Cependant, nous avons aussi beaucoup appris par nous-mêmes, à la lumière des expériences particulières et des crises que nous avons vécues.

Ainsi, depuis 1971, nous entretenons dans l'océan Indien des forces navales au service d'une stratégie originale, au-delà de l'opposition Est-Ouest. Les Américains ne voulaient pas que les Soviétiques – qui, du temps de Brejnev, manifestaient un activisme tous azimuts dans le monde – s'installent dans la région. Les Américains étaient dans le golfe Persique, les Russes avaient une base en Somalie. Notre politique s'opposait à ce qu'il n'y ait dans cette partie du monde qu'une seule alternative. Par notre présence à Djibouti, nous avons contribué à maintenir un pôle de stabilité dans la zone. Les plus anticolonialistes des riverains de l'océan Indien eux-mêmes nous ont fait comprendre qu'ils appréciaient notre participation à l'équilibre de la région. Dans ce climat d'exacerbation des relations américano-soviétiques, nous avons à plusieurs reprises joué le rôle du témoin qui, par sa seule présence dans une zone sensible, interdit à l'un ou l'autre de fomenter des troubles. C'était une réplique à ce que les Américains nous avaient imposé lors de l'opération de Suez. Pour avoir mis en place deux bateaux de guerre dans le port d'Alexandrie, ils avaient bloqué toute possibilité de débarquement anglo-français. De même, nos navires en escale dans de petits pays ont rassuré des populations qui risquaient d'être les victimes de la lutte entre les deux grands. C'est ce qu'un de mes camarades avait judicieusement appelé la « contre-stratégie de la canonnière ».

Durant les guerres de décolonisation, la doctrine militaire française a beaucoup insisté sur les formes particulières de la guerre révolutionnaire, de l'action psychologique, des actions de guérilla. Certes il y a eu des excès, les choses ont parfois mal tourné – je pense notamment à l'OAS –, mais il s'agissait de problèmes insolubles au niveau militaire. Il n'en reste pas moins que les recherches fondamentales sur la lutte contre les révoltes à caractère révolutionnaire demeurent aujourd'hui tout à fait valables. Les Américains n'ont pas manqué d'étudier ce que nous avions fait. Par exemple, en Algérie, nous avonsutilisé les hélicoptères dans une stratégie novatrice. Un officier de l'aéronautique navale a en effet eu l'idée de les équiper de mitrailleuses lourdes.

Dans la marine, comme dans l'aviation et dans l'armée de terre, les techniques et leurs évolutions ont un impact fondamental sur les affaires militaires. Lorsque nous avons pris le virage des sous-marins nucléaires, il a fallu procéder à une véritable révolution dans les habitudes et les règlements, notamment mettre en application le système du double équipage – deux équipes embarquent alternativement sur le même sous-marin stratégique de manière à assurer la permanence de la mission.

Le temps est révolu où l'on acquérait un savoir à l'âge de vingt ans et où ces connaissances suffisaient à suivre toute une vie la même filière; on se perfectionnait, certes, mais l'essentiel avait été mis en place très tôt. La société française demeure fondamentalement imprégnée par cette mentalité : le concours d'entrée passé entre vingt et trente ans, le diplôme initial, décident de l'avenir de l'individu. Quelques-uns continuent à apprendre, à se perfectionner, mais ce n'est pas obligatoire. Qu'un chercheur, titulaire d'un statut de fonctionnaire, s'encroûte dans son laboratoire, ou qu'un professeur continue d'enseigner les mêmes programmes pendant trente ans, restituant à ses élèves ce que lui-même a appris, sans faire l'effort d'une remise en cause permanente de son savoir, me choque profondément. Que la formation continue et la pluridisciplinarité ne soient pas dans le fonds de la culture française est un handicap capital qui n'a même pas le mérite de nous scandaliser. Une de mes filles, agrégée d'histoire, suit des cours en Sorbonne pour obtenir un DEA; ses élèves de cinquième ont été récemment très surpris d'apprendre que leur professeur était encore étudiante, ils ne comprenaient pas pourquoi… Cet étonnement prouve combien nos mentalités sont est en retard.

Jusqu'aux années soixante, la marine était un peu considérée comme la «roue de secours» de la Défense française. Tant que l'empire colonial subsistait, la marine trouvait sa principale justification dans l'éloignement des colonies et des territoires d'outre-mer. Mais l'axe principal de la Défense nationale résidait dans la menace d'une nouvelle invasion par le Nord-Est. En 1870, 1914 et 1940, nous avions fait des expériences dramatiques. Cette défense reposait sur les forces terrestres et aériennes; la marine n'était, de ce point de vue du moins, qu'un élément secondaire. Avec cette arme absolue de la guerre navale que représente le sous-marin nucléaire lanceur d'engins balistiques à têtes atomiques, la marine a reçu pour la première fois une mission vitale de défense du pays. Le général de Gaulle a été le premier dirigeant à le dire. Certes, il y avait les bombardiers et les missiles du plateau d'Albion, mais les sous-marins sont inexpugnables et représentent la dissuasion la plus crédible. En conséquence, d'une situation marginale, la marine est enfin devenue une composante essentielle de notre système de défense.

La France conserve également – pour combien de temps ? – un autre élément fondamental de la guerre maritime : le porte-avions. Nous sommes la seule marine de guerre au monde, hormis celle des États-Unis, à en posséder encore. Les Américains en ont quatorze, nous n'en avons plus qu'un, en attendant que le *De Gaulle* soit terminé. Si nous parvenons à garder ces éléments spécifiquement français, nous pouvons espérer que la France saura les valoriser au profit de l'Europe.

4. Une révolution dans la défense

Professeur à l'École de guerre, j'avais assisté en 1966 à la création d'un petit organisme qui contribua à réformer la pensée militaire française : le Centre de prospective et d'évaluation des armées, le CPE, créé par Hugues de L'Étoile, alors jeune ingénieur de l'armement. Affecté à la Direction des recherches et des moyens d'essais des armées, il y travaillait au développement de certaines technologies de pointe.

Sans attendre la fin de la guerre d'Algérie, de Gaulle avait donné une nouvelle impulsion en vue de maîtriser l'arme nucléaire. Techniciens et ingénieurs s'étaient passionnés pour cette tâche, mais, pas plus que les états-majors ils ne s'intéressaient à l'évolution des concepts militaires. Hugues de L'Étoile, lui, s'interrogeait sur la finalité de ses recherches sans obtenir de la hiérarchie des réponses satisfaisantes. Il avait eu l'audace de demander à être personnellement reçu par le ministre de la Défense, à l'époque Pierre Messmer, qui accepta de l'écouter. Il trouva sa démarche si intéressante qu'il l'autorisa à créer une petite cellule autonome et lui attribua un budget. Le groupe se composait de vingt personnes choisies dans un esprit d'ouverture : quelques officiers de chacune des armées et de la gendarmerie, un intendant, plusieurs ingénieurs de l'armement, quelques civils, des chercheurs indépendants… Cette composition délibérément interarmées et interdisciplinaire réunissait un large éventail de compétences permettent de réfléchir aux problèmes des armées, selon une démarche prospective et dans un esprit critique mais constructif d'évaluation des solutions traditionnelles, et surtout hors de toute contrainte hiérarchique.

Hugues de L'Étoile répétait souvent la phrase de Saint-Exupéry : «Si tu veux tracer ton sillon droit, fixe ton regard sur une étoile.» Ce clin d'œil qui faisait référence à son patronyme, était lourd de sens et très symbolique. J'ai toujours conservé cette phrase en mémoire. Je crois que les grands hommes d'État, comme les plus grands chefs d'entreprise, sont justement ceux qui fixent leur regard très haut et très loin et qui conduisent leur peuple (ou leurs collaborateurs) dans de grandes aventures sans s'attarder aux petites affaires subalternes de clans ou aux revendications d'un jour. Rien d'important ne peut se faire sans une vision qui pousse les hommes à se dépasser. La médiocrité du discours politique actuel montre à quel point nous sommes loin de cela. La démagogie, le pouvoir des conseillers en image, le marketing politique ont pris la première place alors que nous aurions avant tout besoin de vrais visionnaires.

La prospective appliquée aux armées

J'ai dit que la première équipe du CPE s'est constituée lorsque j'enseignais à l'École de guerre. Le commandant de l'École, l'amiral Marcel Duval, constatant qu'il se passait là des choses intéressantes, avait tout de suite invité de L'Étoile et d'autres membres de son équipe à venir expliquer leurs vues à nos stagiaires. Au même moment, nos collègues de l'École de guerre de l'armée de terre s'insurgeaient contre cette nouveauté et refusaient d'en entendre parler : ce n'était pas conforme à la doctrine officielle, à la pensée du chef d'état-major. L'École de guerre aérienne a eu une réaction analogue. Parce qu'ils n'entraient pas dans les moules de la pensée conventionnelle, les membres du CPE ont été initialement rejetés par l'institution militaire. Je dois dire que, si la marine a manifesté quelques réticences, jamais aucun d'entre nous n'a eu à en subir des conséquences négatives pour nos carrières, à l'inverse de la plupart de nos camarades terriens ou aviateurs de l'époque, dont le non-conformisme a été sanctionné par l'arrêt de leur avancement.

J'étais passionné par cette démarche. Après l'École de guerre, j'avais été nommé pour un an au commandement de l'escorteur d'escadre, le *Jauréguiberry*. Nous participions à la campagne d'essais nucléaires de 1968, et nous avons fait le tour du monde en passant par Bonne-Espérance, la Tasmanie et le cap Horn. Depuis lors, j'ai le droit de «cracher au vent», comme on disait du temps de la marine à voiles!

À mon retour en France, j'ai eu la satisfaction d'entrer dans l'équipe du CPE. C'était une ambiance d'émulation et de très grande liberté. Nous étions en prise directe avec les vraies questions, celles qu'on n'a généralement pas le temps de traiter dans les états-majors. La philosophie générale était inspirée par une démarche prospective que nous voulions mettre concrètement en application : quels sont les objectifs, les priorités, les ressources? quelles sont les leçons du passé, les tendances du présent, les perspectives les plus porteuses d'avenir? Pour rapprocher les coûts d'investissement et de fonctionnement au regard d'un même objectif, nous avions défini le concept de «programme majeur», en regroupant par exemple tout ce qui concernait les forces nucléaires sous une même rubrique. Depuis deux ou trois ans, les États-Unis faisaient l'expérience d'un projet de même nature, sous l'impulsion de McNamara. Ils appelaient cela PPBS (*Planning Programming Budgeting System*).

Dans l'équipe j'étais plus particulièrement chargé de suivre ces questions. Je me suis rendu aux États-Unis afin d'étudier leurs méthodes. En raison de la spécificité de leurs institutions, du poids du Congrès et de la manière dont ils établissaient leurs budgets, leurs procédures n'étaient pas directement transposables en France, mais nous pouvions nous inspirer de leur esprit.

Pendant trois ans, je me suis beaucoup investi dans cette fonction. Il ne s'agissait pas seulement d'améliorer la mécanique budgétaire. Nous étions beaucoup plus ambitieux, nous avions la volonté de moderniser la gestion des armées, au sens large du mot, et de l'adapter aux nouvelles conceptions de la politique militaire, au service des véritables objectifs de la Défense. Car simultanément, nous poursuivions des réflexions fondamentales sur les thèmes les plus essentiels de la stratégie : à quoi sert vraiment la Défense? Que veut et que peut faire la France dans l'environnement international actuel? En réalité, nous ne faisions que mettre en forme et en application les visions de la pensée gaullienne. Nous nous situions dans la continuité de ceux qui, comme Beaufre et Gallois, avaient tant contribué à renouveler la pensée stratégique française en sortant des sentiers battus. Notre camarade, le colonel Poirier, mettait au point le schéma logique de notre politique de défense, à commencer par le concept de la dissuasion nucléaire «du faible au fort» : il démontrait que la France, en dépit de l'insuffisance de ses moyens, pouvait jouer un rôle décisif en disposant d'armes terrifiantes, imparables, impossibles à neutraliser, faisant courir un risque mortel à tout agresseur assez fou pour s'attaquer par la force à nos intérêts vitaux.

La rigueur avec laquelle cette doctrine a été établie lui a permis de résister pendant vingt ans à toutes les critiques. Elle a aussi eu pour effet d'éviter les dérives et d'exercer un contrôle efficace sur les projets des ingénieurs comme sur ceux des états-majors, les projets des spécialistes du CEA (le Commissariat aux études atomiques) ou de ceux qui concevaient les chars, les systèmes d'armes, les missiles, les avions… Ainsi, par exemple, a-t-on pu empêcher une dérive vers la course aux mégatonnes. Au début de l'histoire atomique, Soviétiques et Américains se sont lancés dans la recherche de la puissance maximale : c'était à celui qui ferait exploser la plus grosse bombe. Les Américains avaient réalisé la première bombe thermonucléaire d'environ une mégatonne mais, sous la pression de Staline, les Russes ont voulu les dépasser en faisant exploser la première bombe de cinq mégatonnes dans l'Arctique. Pour beaucoup, l'évolution des armes nucléaires allait de pair avec l'accroissement de leur puissance. Dans notre logique stratégique nous ne cherchions pas à faire des armes de bataille, mais des armes de dissuasion. Pour crédibiliser notre stratégie, nous inversions les présupposés de départ : la menace serait plus probante en multipliant des charges moins puissantes; cinq bombes de cinquante kilotonnes espacées sur une zone urbanisée provoqueraient beaucoup plus de dégâts qu'une seule bombe d'une mégatonne. En conséquence, la référence au concept stratégique français nous a conduits à orienter nos efforts sur la recherche d'une plus grande portée, d'une plus grande précision et donc sur la miniaturisation de nos armes nucléaires.

La révolution nucléaire

Les travaux donnaient lieu à l'époque à un dialogue permanent avec le commandement et le pouvoir politique, à commencer par le général de Gaulle lui-même. Il a régulièrement réuni les plus hauts responsables civils et militaires en Conseil de Défense avant de prendre ses décisions. Certains membres des états-majors traditionnels eurent, il est vrai, tendance à freiner des quatre fers, tant les bouleversements qu'il imposait remettaient en cause leurs schémas traditionnels. Lorsque de Gaulle décida de pousser la réalisation de la première arme atomique française, le seul «vecteur» accessible était le bombardier. C'est donc l'armée de l'air qui, la première, a mis en œuvre notre arme nucléaire. Ce fut l'occasion pour l'industrie aéronautique française de construire un avion extraordinaire : le Mirage IV. Si cet avion a pu être mis au point et réalisé en trois ans, c'est parce qu'il répondait à un besoin précis, à une fonction parfaitement définie. C'est aussi parce qu'on a donné les pleins pouvoirs à une équipe restreinte, sans passer par toutes les discussions, les procédures et les commissions habituelles. C'est surtout parce que la volonté politique du chef de l'État s'imposait, sans aucune ambiguïté, à toute l'administration de l'armement et des armées. La réussite fut totale : des Mirages IV volent encore aujourd'hui, quarante ans après leur conception. Quelle leçon quand on compare ce succès aux interminables développements des programmes d'armement français depuis quinze ans, aux retards, à la dérive des coûts, à la remise en question de décisions jamais définitives…

Ensuite s'est posé le problème de la composante sol-sol des forces nucléaires. Normalement, l'armée de terre aurait dû la prendre en charge. L'artillerie française avait l'expérience des combats de 1943-1945 et sortait de vingt ans de guerres coloniales, au cours desquelles elle avait réalisé des performances remarquables sur le plan tactique et opérationnel. En Indochine, puis en Algérie, les artilleurs français avaient inauguré un véritable maillage du terrain : dès qu'une unité était en péril, il lui suffisait de lancer une alerte pour que dans les minutes suivantes les obus tombent précisément sur la tête des adversaires. C'était le triomphe de « l'artillerie de campagne ». Voulant préserver cette spécificité, les artilleurs n'avaient pas envie de s'investir dans une nouvelle « artillerie de siège », ni de transférer des ressources en hommes et en budget au profit des fusées sol-sol. Il faut ajouter que l'armée de terre n'avait pas encore acquis, en 1964, les compétences et les techniciens nécessaires.

À la même époque, l'armée de l'air mettait en œuvre en Allemagne les fusées américaines de défense aérienne « Nike » ; elle disposait de ce fait d'un bon noyau de spécialistes. Ce sont donc les aviateurs qui se sont lancés dans l'aventure à la place des artilleurs – non sans réticence, car la tradition de notre armée de l'air donnait depuis toujours la priorité à la « chasse », la plus prestigieuse de ses composantes. Cependant, après avoir mis en route le programme des bombardiers Mirage IV – ce qui n'était pas non plus dans la tradition de « la chasse, rien que la chasse » –, ses chefs ont été assez lucides et courageux pour dégager les ressources indispensables au programme des missiles sol-sol et aboutir à l'installation du plateau d'Albion.

De son côté, la marine eut également une bonne réaction. Suivant l'exemple des Américains qui avaient réalisé le *Nautilus*, elle comprit que la propulsion nucléaire concrétisait le rêve des sous-mariniers qui cherchaient depuis toujours le moteur capable de fonctionner sous l'eau sans avoir à faire surface pour recharger les batteries.

On avait essayé en France de réaliser un moteur de sous-marin fonctionnant à l'uranium naturel, tentative qui s'était soldée par un échec. La volonté gaullienne, fondée sur l'évidente suprématie des sous-marins stratégiques par rapport aux autres composantes des forces de dissuasion, permit de lancer un programme gigantesque qui fut une totale réussite. Nous assistions là à une véritable révolution des mentalités. Les marins les plus traditionalistes, attachés aux bateaux de surface, aux forces aéronavales et aux sous-marins d'attaque, ont admis qu'il fallait accorder la priorité aux Forces océaniques stratégiques. Ainsi, en quelques années, une quatrième composante de la Marine nationale a vu le jour.

L'inertie des mentalités

Comme je l'ai déjà dit, la révolution stratégique s'est heurtée à de nombreuses résistances. À mesure que nous avancions dans l'étude des conséquences des nouveaux concepts, nous devions convaincre les états-majors et les administrations de sortir des anciens cadres de pensée. Chacune des armées défendait son budget, ses effectifs, ses traditions. C'était tout à fait normal et légitime, mais, dès lors qu'il existait un concept global, chacun devait réfléchir aux moyens de s'intégrer dans cet ensemble. Ce rôle fut investi par les Programmes majeurs interarmées. Le Programme majeur dit de «dissuasion nucléaire» comprenait les composantes marine, aviation, armée de terre, la Direction des applications militaires du CEA, les centres d'expérimentations nucléaires, les missiles stratégiques… Toutes ces composantes devaient s'inscrire de façon cohérente dans les lois de programmation, pour se traduire par des budgets annuels d'investissement et de fonctionnement.

Plus fondamentalement, cela aurait dû entraîner un véritable bouleversement des mentalités : on demandait désormais aux responsables des armées de penser, d'agir, de gérer leurs ressources et de les contrôler par rapport à des objectifs précis et quantifiés. Pour ma part, je rêvais de mettre en place les moyens de rendre les officiers véritablement responsables de leurs budgets, de les obliger à les gérer comme dans une entreprise. Mais cela bousculait totalement les principes et les habitudes du système administratif des armées. La Direction du budget du ministère des Finances, à l'époque rue de Rivoli, avait pour règle, vis-à-vis des ministères dépensiers comme celui de la Défense, de distribuer des crédits destinés à des produits spécifiques; on pouvait acheter tant de chaussettes, de casques ou de pantalons, car cela pouvait être contrôlé, mais il n'était pas question de donner de l'argent pour atteindre un objectif opérationnel, parce que l'administration n'aurait pas eu les moyens de vérifier si l'objectif était effectivement atteint. La logique bureaucratique est évidemment incompatible avec une vraie dynamique du management. Certains novateurs ont toutefois tenté d'introduire la Rationalisation des Choix Budgétaires (RCB), inspirée par une réelle volonté de modernisation. Cette initiative n'a guère eu de suites immédiates, mais nous avons néanmoins réussi à revitaliser une ancienne disposition qui avait existé autrefois, et qui consistait à mettre à la disposition du colonel en charge d'un régiment une quantité d'argent destinée à l'entretien de ses hommes et de son unité. À lui de s'organiser pour nourrir ses gens, les chauffer, les entraîner au mieux. Nous avons pu remettre en vigueur ce système malgré l'opposition du ministère des Finances.

Dans le même esprit, nous voulions que les programmes militaires soient gérés dans la continuité de plusieurs annuités budgétaires en améliorant le système des autorisations de programme – requête évidemment contraire aux principes mêmes qui inspirent le ministère des Finances dans ses rapports avec les «ministères dépensiers». L'Administration est toute-puissante dans la plupart des pays, en France surtout où elle peut remettre en cause ce que le Parlement a voté en invoquant des «raisons de conjoncture». Nos concitoyens n'ont pas conscience de l'étroitesse de la marge de manœuvre du

Parlement français : concrètement, on ne l'autorise à débattre que des «mesures nouvelles» du budget qu'on lui présente à l'automne, et il n'a pour ainsi dire pas la possibilité de discuter la masse principale des crédits considérés comme intouchables et qualifiés de «budget voté»! Ainsi l'inertie administrative est-elle consacrée par la pratique politique! Les citoyens croient que leurs députés ont un pouvoir de décision sur le budget de la nation : ils se font beaucoup d'illusions! D'autant plus qu'en raison d'une tradition encore plus pernicieuse, nos représentants votent les lois mais sont pratiquement privés de tout contrôle sur leurs applications. Quel fossé par rapport aux usages anglo-saxons!

Pour insister sur l'esprit d'innovation et de réforme qui avait cours dans les armées dès la fin des années soixante, je donnerai un dernier exemple. La pratique budgétaire de l'État distingue les crédits de fonctionnement et les crédits d'investissement. Notre approche manageriale consistait à dire qu'il ne fallait plus traiter séparément les investissements et le fonctionnement puisque seul comptait le «coût global». Il fallait rapprocher les deux catégories, en ne raisonnant plus en nombre de chars fabriqués, de torpilles ou d'obus achetés, mais en budget global, et le juger en fonction de son efficacité opérationnelle, raison d'être d'une armée. Il fallait désormais évaluer le couple coût-résultats en se basant sur des objectifs fixés dans le cadre du concept politico-stratégique.

Dans les entreprises, comme dans la plupart des activités économiques et industrielles, on sait depuis toujours mesurer la réussite ou l'échec par référence aux objectifs posés et l'on dispose pour cela d'un critère simple : le profit, le résultat financier. Le conseil d'administration, le président utilisent le bilan de fin d'année, les responsables se réfèrent à des tableaux de bord actualisés qui leur indiquent où ils en sont par rapport à leurs objectifs. Ce n'est malheureusement pas le cas des administrations de l'État et encore moins des armées. A la guerre, les qualités d'un chef se mesurent à la réussite de ses opérations face à l'ennemi. En temps normal, les critères administratifs et bureaucratiques prennent le dessus.

Comment évaluer les performances de l'armée en temps de paix en termes de coût-efficacité? Car notre philosophie avait changé et reposait maintenant sur le maintien de la paix. Nous étions condamnés à mettre sur pied des forces armées – notamment les forces nucléaires et le «corps de bataille» en Allemagne – pour ne pas avoir à nous en servir. Une version renouvelée du *Désert des Tartares*!

Nos travaux s'appuyaient sur notre expérience et aussi sur des enquêtes. Nous rencontrions les acteurs afin de comprendre leurs méthodes et de les conduire à réfléchir aux possibilités d'introduire les concepts de «coût-efficacité». C'était assez facile dans les armes «savantes»; dans l'armée de l'air, dans la marine, la plupart des concepts tactiques opérationnels sont étroitement liés à la notion de performance. Mais j'ai le souvenir d'un colonel qui venait de commander un régiment d'artillerie à qui je demandais quelle avait été sa mission. Il me répondit : «Mobilisation, instruction!» Ce qui montre que l'armée de terre était toujours obnubilée, comme avant 1914, par le concept de la mobilisation préalable à la guerre, qui nécessitait de disposer de gens «instruits», à commencer par ceux qui alimentaient le système à la base, lors du service militaire. Cette conception, qui avait été historiquement justifiée, était déjà largement déphasée par rapport à la situation géopolitique. Je me rappelle avoir tenté de prendre le problème différemment : «À quoi sert l'artillerie? À envoyer des obus sur l'ennemi. C'est-à-dire que, dans le cadre de telle brigade ou de telle division, votre régiment doit être capable de se mettre en place en cas d'alerte. En combien de temps pouvez-vous le faire? Combien d'"unités de feu" pouvez-vous appliquer à l'adversaire?» Je voulais montrer que toutes les activités, de l'entraînement à la consommation des budgets, devaient être repensées en fonction des seuls objectifs importants, à savoir les capacités opérationnelles les plus réelles, les plus concrètes des forces armées. On avait beaucoup de mal à l'époque à faire passer ce genre de message : peu d'officiers y réagissaient favorablement. Les mentalités ont aujourd'hui beaucoup évolué, mais je ne suis pas certain qu'un tel état d'esprit soit encore fondamentalement passé dans les mœurs, compte tenu de la pesanteur et de la complexité des affaires, en particulier de celles qui touchent aux programmes d'armement.

Une arme de temps de paix : la gendarmerie

Pour mettre en application les nouveaux concepts de gestion par objectifs, de nouveaux systèmes ou de nouvelles organisations axées sur les missions à remplir, nous avons disposé d'un champ d'expérimentation idéal, la quatrième armée : la gendarmerie. Elle comprenait à l'époque environ soixante mille hommes, exécutant en permanence des missions propres au «temps de paix». La gendarmerie mobile, dite «la rouge», à base d'escadrons chargés du maintien de l'ordre, et la gendarmerie départementale, dite «la blanche», avec ses diverses branches spécialisées (montagne, autoroute, maritime, outre-mer, transports aériens), avaient en quelque sorte des contrats à remplir. La gendarmerie dépend de plusieurs ministères : la Défense, la Justice, l'Intérieur, les DOM-TOM, l'Industrie, etc. Du fait de cette pluralité de missions et de «patrons», l'analyse du fonctionnement de la gendarmerie était particulièrement intéressante dans notre optique d'évaluation et de recherche du meilleur rapport coût-efficacité. Nous avons pu tester, dans des conditions idéales, nos idées et nos concepts.

Il y eut de nombreux témoignages faisant état de l'intérêt de cette approche : depuis le GIGN en passant par les brigades de recherche spécialisées dans la répression du banditisme, jusqu'au système informatique ultramoderne dont la réalisation s'est étalée sur plusieurs années. C'est la preuve d'une adaptation réussie de la gendarmerie aux besoins de la société d'aujourd'hui.

Le CPE n'avait pas vocation à mettre lui-même en œuvre les réformes qu'il préconisait. Agitateur d'idées, promoteur d'un nouvel état d'esprit, il a proposé un certain nombre de mesures, mis le doigt sur certains dysfonctionnements, indiqué la marche à suivre… Seuls les états-majors, les autorités compétentes et leurs administrations avaient la responsabilité de mettre en place les réformes, tout en gérant les dures réalités du moment. Je ne donnerai qu'un seul exemple. Comme le Parlement a toute compétence en matière de décision de nouveaux programmes d'armement, nous avions élaboré une sorte de «tableau de bord» pour permettre la présentation et le suivi des programmes de la défense. Ce document était très simple : une fiche de suivi et d'évaluation par programme, où l'on devait enregistrer très précisément les performances prévues au moment de la décision de lancement du matériel en question, les délais, les coûts prévisionnels. Elle devait être mise à jour à intervalles réguliers. Les autorités pouvaient ainsi contrôler les dérives et comprendre les dysfonctionnements. Il m'est arrivé plus tard d'en consulter quelques-unes; il suffisait de regarder les courbes pour constater ce qui se passait, voir par exemple comment les coûts de production s'envolaient. C'était rudimentaire mais tout à fait explicite, et cela permettait d'intervenir rapidement en cas de dérapage. J'ai compris plus tard pourquoi on ne s'en était jamais servi : c'était trop dérangeant. Il vaut mieux ne pas regarder le thermomètre si on ne veut pas voir qu'on a de la fièvre!

Il appartenait donc à l'état-major des armées, au secrétaire général de l'administration de la Défense, responsable financier, et au délégué général pour l'Armement de superviser la mise en œuvre du tableau de bord global représenté par le système des programmes majeurs, sous l'autorité du ministre et le contrôle du Parlement. Dès 1972, l'état-major des armées prit la responsabilité de faire fonctionner le système mais, au fil des années, les choses ont rapidement dérivé. Quand, en octobre 1975, j'ai été nommé chef adjoint du cabinet militaire du ministre de la Défense, Yvon Bourges, j'ai constaté que ses deux prédécesseurs avaient, en moins de deux ans, par laxisme ou par ignorance, abandonné la logique générale d'un système qui leur aurait permis de garder sous contrôle les ressources et les ambitions des armées. Le plafond du meilleur des budgets militaires envisageables indiquait un dépassement d'environ 30 %. Reprenant alors le «tableau de bord» élaboré par le CPE – nous l'avions surnommé la «carpette bleue» –, pour tenter d'y faire entrer le chiffrage de toutes les promesses concédées, notamment sous la pression du lobby industriel de l'armement, nous avons pu montrer qu'à l'évidence il fallait resserrer les boulons. C'est ce qui se passe parfois dans une entreprise quand, sous l'influence d'un patron qui a «pété les plombs» ou qui a été parachuté de l'extérieur, des conduites aventureuses provoquent des désastres!

La guerre des «crânes d'œufs»

Au CPE, nous avions suivi de près les idées développées par les centres de recherche comme la Rand Corporation au profit du Pentagone. Autour de McNamara, il y avait des garçons très brillants qu'on appelait les «*Wiz-kids*» – «crânes d'œufs» – qui, méprisant les militaires, avaient imaginé qu'on pouvait gagner la guerre grâce à la haute technologie. Ils s'étaient passionnés pour des «gadgets». Par exemple les défoliants : «Puisque les Viêts se cachent sous les arbres, balançons des produits qui feront tomber les feuilles!» Un raisonnement technocratiquement parfait! Ils avaient aussi inventé de petites flèches munies de capteurs : lancées sur la piste Hô Chi Minh, elles devaient permettre d'entendre les hommes marcher. Je cite ces deux innovations, mais il y a en a eu des dizaines d'autres. Quant aux défoliants, ils ont causé à la forêt vietnamienne des dégâts qui ont duré des dizaines d'années... la haute technologie des armées américaines ne leur a pas toujours permis d'être gagnants sur le terrain. Un des exemples les plus frappants est celui de la défense aérienne. Les Américains ont perdu énormément d'avions et de pilotes au Vietnam parce que les Soviétiques avaient fourni au Viêt-minh leurs matériels les plus sophistiqués de défense aérienne, des missiles sol-air et des canons de défense rapprochée redoutables. Malgré la supériorité absolue de leur aviation, les pertes américaines furent très lourdes. On racontait à l'époque que le plus grand gisement de titane au monde était le Nord-Vietnam! Le titane était un matériau alors très rare et très cher qui entrait dans la composition des avions à hautes performances. Les Américains ont mis plusieurs mois à trouver des parades efficaces, des contre-mesures électroniques permettant aux pilotes d'entendre les radars des fusées sol-air avant qu'elles n'arrivent, et aussi des avions sans pilotes, des «drones» qui identifiaient les sites de la défense viêt-cong, ce qui ne les a pas empêché de perdre la guerre. Ce fut une défaite humiliante et tellement coûteuse qu'elle a déstabilisé pour longtemps le budget des États-Unis, et justifié qu'ils dénoncent unilatéralement les accords de Bretton Woods en décrochant le dollar de sa référence or.

Dans les années quatre-vingt, le même schéma s'est produit en Afghanistan, mais en sens inverse. Pour épuiser l'Armée rouge, les Américains fournirent aux moudjahidin afghans des missiles sol-air portables Stinger en grande quantité, dépensant à l'époque des centaines de millions de dollars. Les Afghans les ont si bien utilisés que les Russes, dans les derniers mois de la guerre d'Afghanistan, perdaient une trentaine d'hélicoptères et d'avions par mois. Même pour le gigantesque complexe militaro-industriel de l'Union soviétique, c'était beaucoup trop coûteux, c'était devenu insupportable.

D'autant plus que, dès 1980, Ronald Reagan avait accéléré la course aux armements en lançant son «initiative de défense stratégique», la guerre des Étoiles, qui devait largement contribuer à ruiner définitivement l'économie soviétique.

Les trois cercles

La publication du Livre blanc de 1972 a concrétisé un concept stratégique mieux connu grâce à l'apologue des «trois cercles». Premier cercle : le sanctuaire national, protégé essentiellement par la dissuasion nucléaire qui a remplacé les remparts des poitrines ou la ligne Maginot. Deuxième cercle : le glacis de l'OTAN en Europe occidentale. Pour la première fois depuis des décennies, nous avions la chance de ne pas avoir d'ennemi directement à nos frontières. Troisième cercle : l'extérieur, les DOM-TOM, l'Afrique où nous étions liés par des accords de défense. Car, si nous avions raté la décolonisation en Algérie et au Vietnam, nous l'avions relativement réussie en Afrique. Seul le troisième cercle permettait de développer une stratégie d'action, d'emploi effectif de la force militaire.

Pendant trois décennies, une fraction importante des armées françaises a participé dans ces zones-là à des opérations réelles. Cette branche active de la stratégie a contribué à faire évoluer les doctrines militaires françaises. Je pense par exemple à la création de la FAR (Force d'action rapide) de l'armée de terre. L'hélicoptère avait démontré ses capacités tactiques et opérationnelles dans les combats d'Algérie. Toutes les armées modernes s'en étaient donc dotées. Chez nous, dans les années soixante-dix, ils étaient répartis dans les divisions et les corps d'armée – ce qui rappelait la façon dont les chars français de 1939, aussi nombreux paraît-il que ceux des Allemands, furent victimes d'un concept d'emploi périmé, à l'opposé de celui des divisions blindées du Reich. Regroupés dans la FAR, les hélicoptères ont dès lors constitué une force bien plus efficace.

La marine avait un rôle important à jouer dans ces «stratégies indirectes» du troisième cercle. Elle n'a pas manqué de le faire, à plusieurs reprises, en se déployant sur toutes les mers. Missions d'autant plus discrètes qu'elles correspondent souvent à la prévention des conflits plutôt qu'à des opérations guerrières effectives.

C'est à cette époque que la marine a formalisé la notion de «mission de service public». La marine française s'appelle d'ailleurs Marine nationale, ce qui est une façon de montrer qu'elle est à la disposition de la nation et de sa population, qu'elle a, par exemple, un rôle civil à jouer dans la surveillance des frontières maritimes et la sécurité en mer. Notre participation à la protection du sanctuaire national n'était pas seulement le fait de la mise en œuvre des forces océaniques nucléaires de dissuasion et des navires de combat. Pour que la dissuasion soit politiquement crédible, il fallait aussi que chacun puisse se rendre compte de la vigilance de nos forces, constater qu'on ne peut pas entrer impunément dans n'importe lequel de nos ports ou se déployer au large de nos côtes sans être soumis à une surveillance et à un contrôle. La menace d'une riposte nucléaire n'avait aucune crédibilité si nous n'étions pas capables de montrer à des niveaux plus modestes que nous étions en mesure, au quotidien, de surveiller et de protéger les espaces maritimes proches du territoire national.

5. Civils, militaires et conflit Est-Ouest

La perception du militaire

Un officier de marine n'éprouve pas pour la vie politique le même intérêt qu'un ancien élève de Sciences-Po. En ce qui me concerne, j'avais un autre centre d'attention : ma propre famille. Nous avons élevé, ma femme et moi, de nombreux enfants et nous nous y sommes totalement consacrés pendant une trentaine d'années. Nous avons connu les soucis habituels des parents : les maladies – et même l'épreuve dramatique de la mort d'un petit enfant –, les études – qui n'ont pas été trop perturbées par nos fréquents changements d'affectation –, le problème du logement – qui fut à l'époque un des plus difficiles à résoudre... Comme je débutais ma carrière d'officier de marine, j'avais assez à faire avec tout ce petit monde, je n'avais ni l'envie ni le temps de m'occuper d'autre chose. Ma vie était complète. Grâce à une épouse qui a toujours su remarquablement gérer nos modestes ressources financières, je n'ai éprouvé aucune frustration ni sur le plan professionnel ni sur le plan personnel du fait des servitudes et des obligations inhérentes à ce double état d'officier et de père de famille nombreuse.

Je n'ai commencé à m'intéresser vraiment aux questions politiques qu'après avoir dépassé la première partie de ma vie professionnelle, vers la fin des années soixante. À l'École de guerre puis au CPE, j'ai été associé plus directement aux préoccupations d'ordre gouvernemental concernant la

Défense. J'ai été en contact avec des membres de la Haute Administration, j'ai côtoyé quelques hommes politiques, mais je ne les ai véritablement mieux connus qu'à partir de 1974 au cabinet militaire du ministre de la Défense, et surtout en 1978 à Matignon.

Jusqu'au début des années soixante-dix, l'opinion française a vécu dans une méconnaissance totale des affaires de défense. En dehors de quelques spécialistes, on ne se préoccupait guère des militaires. Tout ce qui se rapportait aux armées était encore entaché d'images négatives : le colonialisme, la guerre d'Algérie, les vieilles badernes, les ganaches bornées, les «galonnés» du *Canard enchaîné*. Il y avait bien le prestige de De Gaulle, les réalisations nucléaires, les avions modernes, les fusées, autant d'exploits technologiques, souvent prestigieux, qui touchaient une partie de la société civile, entreprises et ingénieurs, mais cela ne suffisait pas à redorer le blason des armées.

Personnellement, je n'ai jamais été en butte à l'hostilité des fonctionnaires que j'ai rencontrés. Cela tient en partie peut-être à mon caractère, mais sans doute beaucoup au fait que je suis marin. La marine bénéficiait d'une image moins négative, moins marquée par l'impact de la guerre d'Algérie et de la révolte de l'OAS que l'armée de terre.

De 1974 à 1975, j'ai passé une année au Centre des hautes études militaires (CHEM) qui est couplé à l'Institut des hautes études de la Défense nationale – l'IHEDN. Cette autre expérience passionnante de brassage entre divers milieux est un de mes meilleurs souvenirs. Une promotion de l'Institut est composée globalement d'un tiers de militaires – ceux du CHEM –, d'un tiers de fonctionnaires et d'un tiers de personnalités venant du secteur privé. Ce choix, délibérément éclectique, avait été souhaité par son créateur, l'amiral Castex, qui avait obtenu en 1937 de Léon Blum l'autorisation de créer une institution destinée à mélanger des militaires candidats aux étoiles et des fonctionnaires de même niveau afin qu'ils se rencontrent et étudient ensemble les problèmes de défense. L'Institut avait fonctionné jusqu'en 1939.

Rouvert en 1947, l'Institut a fait depuis lors un travail remarquable. Il a même fait école puisque Pierre Joxe, auditeur de la session 1983-1984, a créé sur le même modèle, lorsqu'il est devenu ministre de l'Intérieur, un Institut des hautes études de la sécurité intérieure, l'IHESI, qui regroupe des policiers, des magistrats, des hauts fonctionnaires de l'Intérieur, quelques préfets, des gendarmes, des avocats, des parlementaires, etc.

Au cabinet du ministre de la Défense

À l'issue du CHEM, j'ai été nommé au cabinet d'Yvon Bourges. Comme dans tous les ministères, le ministre dispose de collaborateurs directs, réunis dans un cabinet, pour suivre les grands dossiers politiques et administratifs. En plus d'un cabinet civil, la Défense possède un cabinet militaire en charge des dossiers spécifiques, avec un représentant des armées de terre et de l'air, de la marine, de la gendarmerie et de la Délégation générale à l'armement. Il a pour particularité, comme le cabinet militaire du Premier ministre à Matignon, d'être absolument apolitique. Par exemple, lorsque Charles Hernu succéda à François Fillon, le cabinet civil fut dissous, mais les membres du cabinet militaire sont restés en place. À son grand étonnement, le nouveau ministre socialiste a découvert, lorsqu'il a demandé des dossiers à son cabinet militaire, qu'on ne lui cachait rien; les informations n'étaient en rien altérées, elles étaient identiques à celles que son prédécesseur avait pu lire.

Les membres du cabinet militaire sont choisis par le ministre sur la proposition des Armées, et ils ne changent qu'au rythme normal des durées d'affectation militaire qui, en général, ne dépassent pas trois ans.

Le marin ou l'aviateur du cabinet ne se considère pas comme le « représentant » de son armée auprès du ministre; ce rôle est dévolu au chef d'état-major. L'officier du cabinet doit suivre les dossiers pour le compte du ministre, il a un rôle de conseiller. Quelquefois, il peut avoir d'autres attributions :

pour ma part, je ne m'occupais pas seulement des affaires de marine, j'avais également en charge les sports militaires et les affaires budgétaires, comme je l'ai déjà expliqué, ce qui était d'habitude l'apanage des civils ou des contrôleurs des armées.

Mon bureau était au-dessous de celui du général Bigeard, que Valéry Giscard d'Estaing avait nommé secrétaire d'État à la Défense. Je le voyais souvent. Je me rappelle à quel point son action personnelle a été utile et efficace pendant cette période troublée par les «comités de soldats» qui visaient à semer la révolution dans les armées.

J'étais assez au fait des questions budgétaires pour avoir été scandalisé par certaines directives du pouvoir politique, qui m'ont amené à me poser sérieusement des questions sur la conception qu'ont les politiciens de «l'intérêt de la nation». En 1974, Valéry Giscard d'Estaing fut élu président de la République avec le soutien de Jacques Chirac, qui avait lâché Jacques Chaban-Delmas. Pour prix de la manœuvre, Chirac obtint Matignon. Plus tard, le président de la République et le Premier ministre décidèrent de procéder à une relance de l'économie par l'injection de crédits budgétaires. Compte tenu des difficultés, les sommes d'argent annoncées (représentant l'équivalent de plusieurs milliards actuels) auraient dû permettre de régler les problèmes urgents. Pour la Défense, je savais où ces crédits seraient le plus utiles et les mieux employés : des programmes étaient en train de se casser la figure, des points critiques servaient de prétexte aux comités de soldats… On pouvait faire une répartition intelligente et efficace de cet argent, tant sur le plan économique que fonctionnel. Mais ce n'est pas du tout ce qui s'est produit. La quasi-totalité de la somme a été, si je me souviens bien, attribuée à quelques entreprises. À l'époque, je n'étais pas du tout porté à croire aux «copinages». Aujourd'hui, je n'écarte pas l'idée qu'on ait «récompensé» quelque groupe de pression ami. Cette fameuse relance n'a été en réalité que de la poudre aux yeux. C'était moins une pensée économique qui avait prévalu, qu'un coup politique, monté grâce à l'argent du contribuable. Il est vrai que, depuis, on a fait encore plus fort!

Un autre souvenir amer de la démagogie politicienne remonte à la grande sécheresse de 1976. La situation était critique. L'armée fut appelée à donner un coup de main aux agriculteurs en difficulté. Au cabinet du ministre, on me demanda de gérer cette affaire. Les problèmes n'étaient pas les mêmes d'un endroit à l'autre : ici, on manquait de véhicules, là, il fallait de la main-d'œuvre, ailleurs, on avait besoin de pompes, et ainsi de suite. En quelques semaines, les armées avaient bâti un système très souple permettant d'intervenir efficacement là où l'urgence se faisait sentir. Cependant, chaque fois, nous avions veillé à ce que les prestations ne soient pas totalement gratuites, qu'il y ait une contrepartie, un effort, même symbolique, de la part de ceux qui bénéficiaient de notre aide. Nous avions travaillé avec les préfets, avec les associations régionales, les professions, les chambres d'agriculture. Les gens entraient directement en contact les uns avec les autres, le patron de la chambre syndicale avec le colonel du régiment du coin… Les agriculteurs participaient systématiquement, en fournissant le carburant ou en nourrissant les hommes… et tout fonctionnait très bien!

Un samedi du mois de juillet, le ministre fut convoqué chez le Premier ministre à Matignon pour faire le point sur la gestion de la sécheresse. Yvon Bourges exposa le dispositif mis en place et les bons résultats obtenus. Jacques Chirac l'interrompit : «Comment! Vous faites payer les paysans! C'est hors de question!» D'un trait de plume, tout ce que nous avions fait fut supprimé! Tard dans la soirée, le ministre et moi avons annulé toutes les instructions précédentes aux commandants de régions militaires. Quelques jours plus tard, le Premier ministre décrétait «l'impôt sécheresse», un pactole distribué aux agriculteurs. Il semble qu'il y ait eu beaucoup d'abus, beaucoup de «petits malins» en ont profité indûment. Les énarques devenus politiciens sont prisonniers d'un mode d'éducation, d'un système de pensée fondé sur la prééminence d'un État qui règle toutes les affaires et qui, bon prince, subventionne. Quelle démagogie! «Dites merci à l'État!» et surtout remerciez celui qui représente le parti politique tenant les rênes du pouvoir.

Comment des militaires, issus d'une institution en tout point éloignée de ces pratiques, pourraient-ils les admettre de gaieté de cœur? Nous sommes parfois des témoins gênants, mais notre formation, notre éthique, nous interdisent d'en faire état publiquement.

À Matignon auprès du Premier ministre

En 1978, Raymond Barre, alors Premier ministre, m'appela à Matignon pour prendre la direction de son cabinet militaire. J'y trouvai un climat de travail en équipe qui n'était pas sans me rappeler celui que j'avais connu dans les meilleurs états-majors. Tous les collaborateurs œuvraient dans le même sens, partageant la même conception des urgences, du devoir, de l'efficacité. Cette période de ma vie fut particulièrement positive. J'ai côtoyé là des hommes et des femmes de très grande valeur, souvent les meilleurs dans leurs spécialités respectives.

À Matignon, je me suis donc trouvé plus directement en prise avec des décisions politiques. Mon travail de conseiller militaire consistait à instruire les dossiers soumis au Premier ministre, à rédiger des notes, à participer à de nombreuses réunions. L'ambiance d'un cabinet dépend des circonstances et de la qualité de ses membres. Certains cabinets sont hypertrophiés au point que les gens ne se connaissent pas; d'autres se caractérisent par le copinage, dans d'autres, ce sont les intrigues ou les luttes politiciennes qui dominent.

Ce n'est pas du tout ce que j'ai connu de 1978 à 1980 à Matignon. Raymond Barre inspirait le respect et avait établi avec tous ses collaborateurs un climat de confiance. À l'extérieur, on lui faisait déjà le grief de ne pas être un «homme politique». Pourtant, au moment où j'ai rejoint son cabinet, il venait de gagner les élections législatives de 1978, alors que le gouvernement avait été donné largement perdant. C'était bien lui, grâce à son excellente campagne, notamment en province, qui avait redressé la situation.

Sans avoir bénéficié de relations personnelles ou de contacts très fréquents avec le Premier ministre, je me sentais en totale confiance car ses directives étaient toujours claires, dépourvues d'ambiguïté, et son abord facile. Il disait régulièrement à ses collaborateurs : « N'oubliez pas que dans mon discours, à tel endroit, il y a six mois, j'ai défini tels objectifs et tel programme; où en sommes-nous? Nous devons rendre compte de l'avancement des travaux à ceux auprès de qui nous nous sommes engagés. »

Cette fois encore, j'ai éprouvé une grande satisfaction à travailler avec des hommes et des femmes qui n'étaient pas de ma corporation. Je ne connais rien de plus enrichissant que de traiter les affaires en bénéficiant de compétences variées et de points de vue différents. Le personnel du cabinet du Premier ministre est essentiellement civil. Le cabinet militaire était composé d'un petit noyau de quatre officiers. Nous n'avions pas les mêmes référents culturels, pas le même vécu que la plupart des autres membres du cabinet, qui avaient suivi un cursus administratif. C'était une occasion unique de toucher du doigt la spécificité militaire, de se poser des questions fondamentales sur les caractéristiques, l'identité de notre collectivité et sur l'image que d'autres percevaient des officiers et des marins.

Un empereur au-dessus d'Orly

Notre petite équipe était très efficace : un colonel de l'armée de terre, un autre de l'armée de l'air et un commissaire de la marine. Nous suivions les questions d'intérêt gouvernemental, les conseils de défense, les grandes options budgétaires plus un certain nombre d'autres attributions qui n'étaient pas toutes spécifiquement militaires. Je me suis par exemple beaucoup intéressé au nucléaire civil, à la gestion des crises, aux problèmes africains. Je me suis attaché, dans la mesure de mes moyens et de mes attributions, à contribuer à une bonne cohésion entre tous nos interlocuteurs, à entretenir des relations de confiance avec l'Élysée, la Défense et les Affaires étrangères.

En premier lieu, mon domaine était donc la Défense nationale, les armées et toutes les affaires transversales susceptibles de les intéresser. Pendant cette période au cabinet de Raymond Barre, nous avons eu à faire face à des crises plus ou moins importantes et très variées. Dans le domaine dont j'avais la charge, il ne fallait pas intervenir intempestivement. Pour chaque crise, un responsable supervisait les actions et devait prendre les décisions immédiates. Par exemple, s'il s'agissait d'une crise en Afrique, l'état-major particulier à l'Élysée prenait les choses en main; s'il s'agissait d'une crise directement militaire – des troupes qui se font tirer dessus – alors c'était le ministère de la Défense; en revanche, dans le cas de problèmes intérieurs – grèves d'éboueurs ou des transports –, c'était Matignon. J'ai eu l'occasion de mettre en jeu ce système au moment de l'affaire Bokassa, une anecdote qui ne mérite d'être rappelée qu'à cause de ses aspects pittoresques.

Un vendredi en fin d'après-midi, tandis que le Premier ministre, dans une courte cérémonie, remettait la croix d'officier de la Légion d'honneur à Marceau Long, alors secrétaire général du gouvernement, un gendarme de Matignon me glisse à l'oreille qu'on me demande au téléphone : « Un avion est en train de tourner au-dessus d'Orly et le pilote dit qu'il a un empereur à bord. » Effectivement, il s'agissait de Bokassa. Personne n'avait été avisé de son départ. Il était passé à travers tous les contrôles de la circulation et de la Défense aérienne, et le commandant de bord demandait l'autorisation de se poser. J'ai tout de suite pris contact avec le chef de station du centre de contrôle aérien d'Orly, lui demandant de me rappeler aussitôt pour qu'il soit assuré de mon identité et afin d'établir un contact franc et direct avec lui. Il fallait tout d'abord trouver un aérodrome où poser l'avion car le temps était limité. Il était impossible de faire débarquer Bokassa sur un aérodrome civil. Restaient deux bases militaires possibles dans la région : Évreux ou Reims. Très rapidement, j'ai choisi

Évreux. Avant de confirmer ces ordres, j'ai évidemment avisé Raymond Barre, qui les a approuvés. Sans tarder, nous avons alors monté une cellule de crise.

À l'époque, les civils n'avaient pas vraiment appris à monter des cellules de ce type. Nous, les militaires, nous savions faire! Ils ignoraient notamment que plusieurs lignes téléphoniques directes, en duplex, sont indispensables pour pouvoir parler sans être bloqué par des appels. J'ai souvent constaté que nos amis civils observaient avec intérêt comment les militaires se débrouillaient. Les militaires français ont montré leur savoir-faire dans des circonstances autrement plus importantes, en Yougoslavie par exemple. Depuis lors, plusieurs autres organisations françaises ont développé des compétences du même ordre. Je pense entre autres aux équipes de secours du SAMU ou de la protection civile. Aujourd'hui, en cas d'accident grave sur l'autoroute ou d'attentat, quand il faut acheminer des secours, bloquer un tronçon de voie, dévier les autres véhicules, amener les blessés dans les hôpitaux, les choses se mettent en place très rapidement avec une étonnante efficacité. En vingt ans, nous avons fait de très grands progrès.

Pour en revenir à Bokassa, il était trop tard pour chercher une solution politique, nous ne pouvions pas le renvoyer chez lui ou le diriger sur un autre pays d'accueil : l'avion n'avait plus qu'une heure d'autonomie de vol et il était sur Orly. Impossible de trouver quelqu'un à qui «refiler le bébé». Après avoir rendu compte au Premier ministre et toujours dans un souci d'efficacité immédiate, j'ai établi un contact direct avec le commandant de la base d'Évreux, puisque c'était lui qui allait être en première ligne. Je n'ai pas demandé au préalable l'autorisation au chef d'état-major de l'armée de l'air. Mais, après avoir pris les dispositions pour mettre l'avion en bout de piste, à un endroit où un dispositif de protection pourrait être installé, je l'ai appelé et lui ai expliqué les raisons de ces décisions, afin qu'il comprenne que je ne cherchais nullement à interférer dans les prérogatives de l'armée de l'air mais que, gérant une situation d'urgence, je ne manquerais pas de le tenir le plus rapidement possible au courant ou de le consulter. Et il n'y a pas eu la moindre difficulté! Dès que tout a été mis en place, nous avons prévenu la présidence de la République, le ministre de la Défense, les armées… Personne n'était encore au courant que Bokassa avait quitté Tripoli et, comme la nouvelle n'allait pas manquer d'être annoncée très vite sur les radios, il fallait à tout le moins que le Président soit informé avant la presse.

La crise dura trois jours. Des lits de camp furent installés dans nos bureaux. Nous ne savions pas quelles étaient les intentions de Bokassa ni s'il avait une garde d'hommes armés. Par mesure de sécurité, le GIGN fut appelé. Les hommes prirent position tout autour de l'avion, et la presse braqua ses téléobjectifs sur l'appareil. Quand enfin on ouvrit la porte de l'avion, Bokassa sortit complètement épuisé. Nous n'avons pas tout de suite compris qu'en trois jours toutes les réserves d'alcool avaient été liquidées; il était en manque! D'où le dénouement heureux de cette crise d'opérette.

Le chef du contrôle à Orly qui a pensé à appeler d'emblée l'hôtel Matignon a eu une excellente réaction. C'est une chance; son initiative a évité bien des complications ou des cafouillages de premières minutes. Nous avons eu affaire à quelqu'un qui avait le sens de l'urgence, ce qui n'est pas étonnant de la part d'un contrôleur aérien. Il suffit de connaître les difficultés de ce métier pour savoir à quel point il nécessite d'excellents réflexes. Je lui ai adressé une lettre de félicitations au nom du Premier ministre, par l'intermédiaire de sa hiérarchie.

Le Comité interministériel du renseignement

De par mes fonctions à Matignon et bien que n'étant pas chargé de suivre les affaires secrètes, je participais au Comité interministériel du renseignement. Ce comité avait été rétabli par le précédent directeur de cabinet de Raymond Barre, Daniel Doustin. Ancien gouverneur de la France d'outre-mer, ancien préfet de région, directeur de la DST, grand serviteur de l'État, c'était quelqu'un qui savait combien la coordination était nécessaire. Nous nous rencontrions tous les deux mois environ. Ce comité était composé d'une douzaine de personnes seulement : les plus hauts responsables de l'Élysée, de Matignon, de la Défense, de l'Intérieur et des Affaires étrangères. À l'issue de chaque réunion, le secrétaire général de la présidence de la République nous rejoignait pour se faire présenter le résultat de nos échanges de vue. C'est dans ces réunions que j'ai rencontré Alexandre de Marenches. Les analyses comparées des points chauds du moment, comme par exemple la révolution en Iran, les prémices du terrorisme islamique ou les affaires africaines, donnaient lieu à des tours d'horizon, éventuellement à des propositions. Ce comité était un des exemples de la volonté de concertation de Raymond Barre: réunir, coordonner, consulter avant de décider. Un vrai travail de Premier ministre! Il n'y a là rien d'extraordinaire, si ce n'est que, grâce à l'impulsion venue d'en haut, la coordination était effective, car l'intérêt national guidait tous les professionnels dans une ambiance constructive.

Ces pratiques courantes peuvent être complètement détournées de leur objectif pour peu que la méfiance, l'autoritarisme ou les querelles de clans prennent le dessus. Trop souvent, on a l'impression qu'on annonce d'abord, qu'on réfléchit ensuite, et que, seulement après, on cherche le pourquoi des décisions prises.

À l'occasion d'une réunion du Comité interministériel du renseignement, il m'est arrivé une anecdote amusante. Dans un moment de détente, au cours du repas, le secrétaire général de la Défense nationale me signala le dernier livre de Gérard de Villiers, *Mission à Kourou.* L'auteur avait imaginé que des barbouzes à la solde des Américains s'apprêtaient à faire exploser la première fusée *Ariane.* Dans la réalité, le lancement était prévu deux ou trois mois plus tard. En revenant dans mon bureau, j'ai réalisé que la fiction de Gérard de Villiers était parfaitement plausible. Après avoir appelé le SDECE pour lui passer commande d'une mission de simulation, des membres des services secrets français ont joué les attaquants en cherchant de quelle manière ils pourraient saboter le tir. Le résultat fut horrible! On pouvait très facilement faire échouer l'opération. Immédiatement, des hommes furent envoyés à Kourou et diverses mesures techniques de sécurité furent prises – par exemple on renforça la protection de la télécommande de destruction en vol, un signal radio, facilement identifiable et qu'il fallait mettre hors de portée de petits malins chargés de faire sauter la fusée.

Le jour J, les protections nécessaires étaient en place quand des avions de patrouille maritime qui surveillaient la zone ont repéré deux gros Chris-Craft hérissés d'antennes qui se trouvaient exactement dans l'axe de la trajectoire au moment du tir!...

L'affrontement Est-Ouest

Lorsque j'observe la période qui va de l'immédiat après-guerre à nos jours, je constate que j'étais dans une situation psychologique et politique d'opposition formelle à l'Empire soviétique et au communisme international. Sans être jamais tombé dans les excès de quelques-uns de mes subordonnés qui voyaient partout des ingérences russes, de la subversion, des espions derrière chaque porte, la main de Moscou dans toutes les affaires, j'étais néanmoins convaincu de la réalité de l'affrontement Est-Ouest, communisme contre démocraties, et notamment de la convergence existant à l'époque entre les intérêts stratégiques des Soviétiques et les mouvements antinucléaires.

Je ne dis pas que ceux-ci étaient directement manipulés par les Soviétiques, mais, à partir d'une analyse stratégique des mouvements d'opinion en Occident après la guerre, je voyais clairement que l'idéologie et l'action des mouvements antinucléaires étaient parallèles à celles des «mouvements pour la paix». Dès 1946, on avait vu fleurir partout des «conférences pour la paix» cautionnées par les Soviétiques – il est intéressant de noter que cela correspond à une vieille tradition russe, puisque déjà le tsar avait pris cette initiative avant 1914 – tandis que, dans le même temps, ils ne cessaient de renforcer la première armée du monde. Les «antisoviétiques primaires», comme on qualifiait tous ceux qui osaient contester ces mensonges, avaient raison. Depuis l'ouverture des archives moscovites, nos craintes ont été confirmées. Les militaires russes se préparaient à une offensive contre l'Europe occidentale; des plans d'attaque des unités de l'Armée rouge stationnées en Allemagne de l'Est ont été retrouvés. Cela ne veut pas dire pour autant que les hommes du Kremlin étaient décidés à lancer cette offensive... mais ils ont laissé l'armée la préparer pour en faire planer la menace sur l'Occident! Une des conséquences a été que les militaires soviétiques ont à leur tour fait pression sur le Kremlin pour obtenir les crédits nécessaires; l'appareil militaire russe a ainsi absorbé jusqu'à 20 % du PNB de l'Union soviétique... ce qui est colossal! Et pendant ce temps, partout dans le monde, les compagnons de route et les «idiots utiles» brandissaient la colombe de la paix, prêchaient le pacifisme en condamnant le militarisme de l'OTAN.

Du point de vue du nucléaire, le schéma est exactement parallèle. Dans l'analyse politique et stratégique de leur situation vis-à-vis du monde occidental, les Soviétiques ont très vite compris que l'arme la plus redoutable était l'arme atomique. Ils ont donc développé une stratégie indirecte très astucieuse : faire en sorte que les Occidentaux se privent eux-mêmes de ce moyen. Parallèlement aux campagnes pacifistes, ils ont lancé des campagnes antinucléaires dont le succès a été extraordinaire. À tel point qu'après les avoir amorcées, les Soviétiques n'ont sans doute plus eu besoin de les financer : elles se sont autoalimentées, notamment en Allemagne. Car les Allemands, à juste titre, ont été obnubilés par la crainte de voir leur pays transformé en champ de bataille nucléaire dans une guerre Est-Ouest. Les Français peuvent d'autant mieux les comprendre que de Gaulle a tenu le même raisonnement. Il a voulu que la France dispose de sa propre dissuasion nucléaire, justement pour interdire aux deux grands de faire de l'Europe le champ de bataille d'un affrontement militaire américano-soviétique.

La bombe à neutrons

L'antinucléaire a été considéré comme une stratégie indirecte par les Soviétiques : l'affaire de la bombe à neutrons en est la preuve.

Il existe différentes armes nucléaires. La première libération de l'énergie atomique a réalisé une énorme explosion combinant les effets de souffle, de chaleur et de radiations qui provoquent de terribles destructions. Plus tard, on a cherché à n'utiliser que l'effet mortel des radiations : on ne détruit pas ou peu les bâtiments, mais, sauf s'ils sont abrités par des protections de terre ou de béton, les êtres vivants sont mortellement touchés. S'ils ne sont protégés que par du métal, ils ne peuvent pas survivre. De ce fait, l'arme à neutrons était tout à fait adaptée pour contrer les offensives militaires classiques, surtout celles des forces soviétiques à base de blindés, sans faire trop de dégâts sur le champ de bataille. Évidemment, les Russes étaient parfaitement conscients du danger. Ils ont donc tenté par tous les moyens d'empêcher les Occidentaux de mettre cette arme en service, et ils ont eu recours, une fois de plus, à une stratégie indirecte : conditionné par des manifestations antinucléaires, le monde occidental a fait une fixation sur l'arme à neutrons. Les écologistes allemands se sont déchaînés.

Le chancelier Schmidt, qui connaissait bien les réalités de la menace soviétique, avait compris que cette arme serait la meilleure défense en cas d'invasion russe sur le territoire allemand. Après des mois de discussions entre Alliés, le principe de la mise en œuvre fut quasiment acquis. Helmut Schmidt y tenait beaucoup. Mais un beau matin, il apprit par la presse que Jimmy Carter, alors président des États-Unis, au retour d'un week-end à Camp David, avait déclaré dans un communiqué que les États-Unis renonçaient à développer la bombe à neutrons. Le chancelier allemand ne s'en est jamais remis, il a dû ressentir cette décision unilatérale comme une trahison. Les Allemands en parlent peu; c'est une vérité qu'il vaut mieux ne pas rappeler aux Américains.

Carter a pris sa décision sous la pression psychologique des lobbies qui manipulaient l'opinion publique; homme de bonne volonté, baptiste très croyant, il était une cible idéale des campagnes antinucléaires.

La révolution mondiale est en route

Dans l'histoire de l'Union soviétique, l'épisode Brejnev vient s'insérer comme l'une des conséquences de la défaite américaine au Vietnam. Les gérontes du Kremlin avaient sucé le lait du léninisme. Ils avaient appris au berceau que le capitalisme devait inéluctablement s'effondrer sous le poids de ses propres contradictions. Ils ont certainement vu dans cette défaite une parfaite démonstration du dogme léniniste. «Les capitalistes américains, après s'être lancés dans une agression contre le pauvre peuple vietnamien, sacrifiant pour cela des milliers de soldats, ont néanmoins subi une déroute magistrale. La preuve est faite que leur fin est proche. D'ailleurs, leurs jeunes sont drogués, ils refusent de faire leur service militaire, les déserteurs ne se comptent plus… La société occidentale, pourrie jusqu'à la moelle, est en train de se dissoudre.» La suite des événements – après la guerre du Vietnam, les Américains connaissaient de nouveaux déboires en Iran – a conforté les hommes du Kremlin dans la conviction qu'il leur suffisait d'un dernier effort pour que le système capitaliste s'effondre.

Sur le plan de la stratégie militaire, le Kremlin, renonçant aux politiques extrêmement prudentes qui avaient été celles de Staline après 1945, a agi comme si «la révolution mondiale était en route»! Déjà Khrouchtchev avait amorcé ce virage en se lançant dans l'aventure de Cuba. Mais il avait été beaucoup trop aventureux en allant «chatouiller la queue du dragon» à quelques dizaines de kilomètres de la Floride, dans l'arrière-cour américaine des Caraïbes. Contraint de reculer devant la détermination de Kennedy, il avait perdu la face. Mais après lui, Brejnev a repris l'expansion russe. À cette époque, la marine soviétique était présente, voire menaçante, sur toutes les mers du globe.

Dans mon livre *Stratégies navales*, j'ai insisté sur le développement et l'expansion de cette marine qui voulait être un contrepoids à l'US Navy. Dans les années soixante-dix, elle avait fait plusieurs démonstrations : à partir de Moscou, l'état-major soviétique manipulait simultanément les flottes de l'Arctique, de l'Atlantique Sud, de la Méditerranée, de l'océan Indien et de l'Extrême-Orient; des sous-marins russes avaient fait surface au large de New York pour bien montrer la puissance soviétique. Dans le même temps, des conseillers et du matériel russes se déployaient en Angola, au Mozambique, en Éthiopie, à Cuba... Partout dans le monde, l'expansionnisme des Soviétiques était une évidence.

Il faut insister sur le fait que le danger soviétique n'était pas une invention des militaires occidentaux. Il est vrai que, grâce à la politique menée par l'Alliance atlantique, il a été progressivement désamorcé. Dans le processus d'Helsinki, les Russes ont peu à peu accepté le principe de la liberté de circulation des idées et des hommes. Le Kremlin s'est finalement rendu compte qu'il ne pourrait faire une nouvelle fois le coup de Prague. Le système était arrivé au bout du rouleau. Lorsque les Soviétiques prirent une attitude menaçante à l'encontre de la Pologne, en 1974, les mesures de prévention des Occidentaux se révélèrent très efficaces. Les renseignements ont joué un rôle capital, par exemple en prouvant que l'Armée rouge était massée à la frontière, ce qui n'aurait pas permis aux Russes d'agir par surprise; tous les mouvements de troupes ont été décelés par les satellites américains et, chaque fois qu'une nouvelle étape était franchie, les Occidentaux envoyaient des messages au Kremlin afin de les mettre en garde, montrant ainsi une détermination farouche à ne pas laisser se reproduire les événements de Hongrie ou de Tchécoslovaquie.

Il existait déjà un véritable consensus entre Russes et Américains sur la nécessité de ne pas commettre des actes irréversibles. Il est heureux qu'il y ait eu de chaque côté des hommes d'État responsables, qui avaient réfléchi à ce que fut ce XXe siècle et qui se sont donnés le temps de penser avant d'agir.

La rapidité de la chute du système soviétique a surpris tout le monde, y compris les Russes eux-mêmes. Gorbatchev ne s'attendait certainement pas à ce que les événements prennent cette tournure. C'est sans doute Andropov qui, le premier, comprit que l'état du monde n'était pas conforme à l'idée que s'en faisaient les gérontes brejnéviens. C'est lui qui amorça la transition que Gorbatchev développa par la suite avec la glasnost et la perestroïka. Mais, en bons léninistes, de même qu'un bon catholique est pénétré des dogmes de sa foi, s'ils ont été l'un et l'autre capables de critiquer les déviations de Staline et des brejnéviens, ils n'ont pas pour autant remis en cause les fondements dogmatiques du marxisme-léninisme. Leur dramatique erreur tient plus au fait qu'ils ne pouvaient pas admettre que le ver se situait dans les fondements mêmes de la doctrine! Ils n'ont pas eu la finesse d'un Deng Xiaoping qui, ayant compris cela, a su ménager à son peuple une transition économique sans relâcher les mécanismes de contrôle politique et social, ce qui a permis jusqu'à présent à la Chine d'éviter le chaos que connaît l'ex-URSS.

La guerre des Étoiles

Reagan avait des idées simples. Profondément anticommuniste, il a forcé le trait de la politique américaine, qui consistait à dire, depuis le début de la guerre froide, que l'Empire soviétique s'effondrerait de lui-même tant son système économique était chancelant. Les analyses de la CIA et des universitaires américains le confortaient dans cette opinion. N'oublions pas que les Occidentaux vendaient du blé à la Russie, qui avait été avant 1914 exportatrice de céréales.

La stratégie de Reagan a été de la pousser à la faute. Le coup politique de la guerre des Étoiles fut, à mon avis, d'une très grande habileté. En lançant cette idée, il a répondu à l'angoisse métaphysique fondamentale du citoyen américain devant l'horreur de la guerre nucléaire. Cette crainte n'était pas sans fondement : pour une raison ou pour une autre, une erreur ou une volonté agressive, les Russes pouvaient appuyer sur le bouton et lancer quelques centaines de fusées capables de détruire, quelques dizaines de minutes plus tard, les principales villes américaines. Dans ce cas, la seule parade des Américains était d'appuyer à leur tour sur le bouton. C'était une éventualité que l'on faisait comprendre aux présidents des États-Unis en leur présentant, à peine élus, une simulation au centre des forces stratégiques à Colorado Springs. L'image des pistes représentant les fusées attaquantes, avançant inéluctablement vers leurs objectifs est tout à fait impressionnante! En réaction, Reagan a eu une idée : «Mes chers concitoyens, je vous propose une solution qui n'aura pas ce côté scandaleux et immoral de la riposte, je vais vous doter d'un magnifique bouclier et toutes les fusées russes arrivant sur ce "parapluie" seront détruites avant de toucher leurs buts.» C'était un formidable coup politique.

Un deuxième effet fut une injection massive de dollars dans l'économie américaine. Les crédits votés au gouvernement Reagan pour relever le défi de la guerre des Étoiles sont allés directement aux industries de pointe. Irréalisable sur le plan pratique, ce défi n'en a pas moins permis de lancer les études les plus avancées dans les lasers, l'aéronautique, le spatial, etc. Le président Reagan a fait un effort de réarmement extraordinaire. Jamais le budget de la Défense n'avait été aussi important.

Les deux éléments combinés, recherche et réarmement, ont représenté un formidable défi pour les Russes, qui avaient fondé leur doctrine stratégique sur la supériorité quantitative des hommes et des armements, et qui réalisaient tout à coup que la haute technologie américaine rendait leur stratégie inopérante. Ils étaient au courant de toutes ces avancées, car leur système d'espionnage aux USA était très performant. Les Russes ont donc «marché», ils ont essayé de reprendre du terrain, notamment sur les systèmes de défense antimissiles, où ils ont dépensé des sommes astronomiques.

Le raisonnement fondamental des Américains a été de dire : «Nous sommes suffisamment riches et puissants pour supporter un effort budgétaire considérable. Notre système économique et notre savoir-faire provoqueront des effets multiplicateurs qui permettront au pays de s'enrichir. Au contraire, chez les Soviétiques, dont l'économie est fondée sur des principes faux, ces dépenses ne feront qu'accélérer la chute du système.»

C'est le genre de situation où l'on peut être sûr qu'à terme l'adversaire s'effondrera, mais on ne peut pas prévoir quand... Je pense que les Américains ont été surpris non par le fait que le régime soviétique se délite – ils l'avaient prévu –, mais par la rapidité avec laquelle cela s'est produit.

Les recherches menées aux États-Unis dans le cadre de la guerre des Étoiles ont abouti à des applications civiles. C'est le cas d'Internet. À l'origine, il s'agit d'un système commandé par le ministère de la Défense. Partant de l'idée qu'en cas d'offensive nucléaire sur les États-Unis l'ennemi pouvait paralyser les centres de décisions et de commandement en s'attaquant à quelques nœuds de communications – c'est d'ailleurs ce que les Américains ont très judicieusement fait contre l'Iraq au moment de la guerre du Golfe –, ils ont développé un système conçu de manière que, si quelques nœuds étaient détruits, le réseau puisse continuer à fonctionner. L'interconnexion des ordinateurs de la Défense américaine a été réalisée. Par extension, il a donné naissance au réseau Internet, un système complètement planétaire et sans aucune hiérarchie.

Il y a eu également d'autres retombées dans le domaine spatial, notamment dans la communication, avec le téléphone portable. De plus, cela a permis aux Américains de reprendre l'initiative contre le Japon qui, dans les années précédentes, les avait supplantés sur les marchés de l'automobile et de l'informatique.

Un poste d'observation

Grâce aux fonctions que j'ai remplies au ministère de la Défense et au cabinet du Premier ministre, après mon passage au CPE et à l'IHEDN, j'ai pu observer le fonctionnement des institutions de la Ve République. Ne m'étant pas occupé de la politique au cours de ma carrière militaire, c'est avec un regard de citoyen que j'ai découvert le monde et les arcanes du pouvoir.

Si j'ai eu la chance de me trouver dans des postes d'observation et de conseil à un niveau suffisamment élevé pour acquérir une bonne connaissance des questions de défense, je n'ai pas pour autant exercé des responsabilités comparables à celles des chefs d'état-major ou des titulaires de grands commandements. J'ai, en revanche, eu le privilège de connaître plusieurs d'entre eux et d'apprécier leurs qualités.

Je ne saurais ici citer tous les noms, mais j'ai gardé de cette époque le souvenir admiratif de deux hommes exceptionnels, le général Vanbremeersch, disparu depuis, et le général Méry qui représente aujourd'hui encore pour moi l'exemple même des valeurs militaires.

À la fin de mon affectation à Matignon, j'ai obtenu le commandement à la mer qui m'a permis de reprendre contact, une dernière fois, avec les forces actives de la marine. En sous-ordre du préfet maritime, qui a le titre de commandant en chef pour la Méditerranée, je n'avais pas, dans les structures du moment, un véritable pouvoir de décision, mais cela ne m'a pas empêché d'y trouver de grandes satisfactions professionnelles grâce à l'exceptionnelle qualité des commandants et des officiers que j'ai eu alors sous mes ordres.

III.

Mille jours à la DGSE

1. Les services secrets

Comme dans les plus grands services de renseignements du monde, les missions de la DGSE s'organisent autour de trois principales fonctions : le renseignement proprement dit, le contre-espionnage et l'action clandestine.

Dans l'acception la plus courante, le renseignement c'est l'espionnage, la recherche des informations secrètes. L'imagerie la plus communément admise présente les espions en temps de guerre, cherchant à connaître les intentions et à s'emparer des plans de l'adversaire. Les pratiques et les tactiques de l'espionnage remontent aux premiers temps de l'humanité et mettent en jeu toutes les subtilités, les tromperies caractéristiques des stratégies d'affrontement, des logiques de la conflictualité.

Il n'y a pas de différences fondamentales entre le métier de journaliste correspondant de l'AFP à l'étranger et celui de chef de poste d'un service de renseignements, en dehors du fait que la recherche des informations secrètes peut conduire celui-ci à agir clandestinement, voire dans l'illégalité. Dans le journalisme comme dans le renseignement, on dispose de «sources», plus ou moins confidentielles, dont les informations doivent être analysées, évaluées, confrontées aux autres informations disponibles, transmises à la rédaction du journal – ou à la «centrale» du service – pour subir d'autres évaluations avant d'être livrées au destinataire final, le lecteur – ou l'autorité gouvernementale.

Autrement dit le cycle de l'information est toujours le même : en fonction des besoins exprimés, il faut faire de la recherche, collecter des renseignements, les soumettre à la critique, les évaluer en fonction du contexte et à la lumière de l'expérience afin de pouvoir les présenter au destinataire. C'est là qu'intervient ce que l'on appelle la phase d'exploitation. Il faut que le produit final de la recherche soit assez intéressant, assez crédible, pour que le destinataire accepte d'en tenir compte dans l'élaboration de ses décisions. Ce qui veut dire qu'il est indispensable que se soient établies au fil du temps des relations de confiance réciproque, fondées sur l'estime et l'expérience. De même que le bon journaliste bénéficie d'un lectorat fidèle, un bon service de renseignements est un interlocuteur privilégié de son gouvernement.

La deuxième fonction, le contre-espionnage, se justifie chaque fois qu'il y a conflit entre des adversaires. C'est une de ces «stratégies indirectes» qu'on observe dans toutes les situations d'affrontement, qui vont de la guerre déclarée à la simple concurrence commerciale. De même qu'à l'attaque répondent la défense et la contre-attaque, ici c'est le contre-espionnage qui répond à l'espionnage. C'est surtout un domaine où règne le secret, où chacun s'entoure d'un grand luxe de précautions puisqu'il s'agit d'activités confidentielles, clandestines ou totalement illégales. C'est une «guerre de l'ombre» propice à toutes sortes de manipulations, de ruses, de retournements de situation. Le contre-espionnage est par essence une activité propice à la méfiance et au soupçon, c'est celle de la pénétration des réseaux adverses, de la traque des «taupes» chez soi et de la manipulation des agents doubles.

La troisième fonction repose sur l'action clandestine. On la connaît surtout sous la forme paramilitaire, celle qui s'inscrit dans la tradition des «forces spéciales», des unités spécialisées, des commandos aptes à agir derrière les lignes de l'ennemi et à mener à bien les opérations les plus risquées. On connaît moins les aspects politiques, psychologiques ou économiques de l'action invisible et leurs subtilités. Moins spectaculaires, ces actions-là n'en sont pas moins efficaces. À la DGSE, c'est le service «Action» qui est en charge des missions clandestines.

Moderniser le service

Le SDECE avait eu une histoire mouvementée, que je connaissais mal. La DGSE était un monde à part qui ne m'était pas familier. Les personnels, en majorité des militaires de l'armée de terre, avaient des profils de carrière qui n'étaient guère comparables aux schémas traditionnels. En raison des exigences spécifiques de leurs fonctions, et de toutes les épreuves qu'ils avaient connues dans les dernières années, beaucoup de ces hommes et de ces femmes aux personnalités souvent complexes étaient profondément perturbés, quand ils n'étaient pas franchement démotivés.

J'ai dit, en évoquant les conditions de ma nomination en novembre 1982, quelles avaient été mes interrogations initiales, mes intentions et mes projets. Je me suis efforcé de mettre en application dès mon arrivée les principes qui me servaient de guide et les lignes d'action que je m'étais fixées. Avant même d'étudier les dossiers et de prendre connaissance des divers rouages du service, j'ai voulu instaurer un climat de calme et de confiance, et j'ai insisté sur l'indispensable «professionnalisme» qu'il fallait cultiver à tous les échelons et dans toutes les activités de la maison.

Et puis je me suis attelé sans tarder aux tâches liées à la préparation de l'avenir : le statut des personnels, la rénovation des infrastructures et des équipements, la modernisation des moyens et des méthodes de travail, tâches qui étaient, je crois, les plus urgentes. J'ai toujours gardé en mémoire la réponse de Lyautey à un de ses adjoints, chargé d'entreprendre le reboisement de l'Atlas en cèdres du Liban. Ce dernier lui avait dit : «Nous avons le temps, il faut plus de cent ans pour qu'ils deviennent adultes. — C'est une raison de plus pour les planter dès demain matin», avait répondu le futur maréchal.

Il m'aurait fallu disposer de beaucoup plus de temps pour obtenir des résultats tangibles dans la réalisation de mes objectifs. J'avais l'ambition de doter mon pays d'un service compétent, efficace, digne de la confiance des gouvernants et des citoyens, une institution qui soit à la hauteur des défis et des enjeux de la fin du XXe siècle. Il ne m'appartient pas d'établir le bilan de mon action. Néanmoins, en dépit de l'héritage empoisonné que j'ai laissé à mes successeurs en raison des conséquences de l'affaire du *Rainbow Warrior*, j'espère avoir contribué à préparer l'avenir en œuvrant dans le bon sens.

Conformément au devoir de réserve qui m'est imparti et à mes conceptions de la confidentialité, je ne raconterai pas ici ce que furent les activités de la DGSE pendant les trente-quatre mois où j'ai eu la responsabilité de la diriger. Quitte à décevoir ceux qui chercheraient des confirmations, des commentaires ou des désaveux, je n'exposerai donc pas le détail des événements auxquels j'ai participé, les décisions prises, les points forts et les points faibles, les satisfactions et les déceptions, les succès et les échecs. Cependant, je crois qu'après plus de douze années de silence, il m'est maintenant permis d'apporter mon témoignage sur les conceptions et l'organisation générale du service, sur sa place et ses relations avec les autres institutions de l'État. J'évoquerai donc ce que furent mes relations avec mes principaux interlocuteurs de l'Élysée et du gouvernement, notamment lors de la crise qui a précédé mon départ.

L'état du monde

Il faut rappeler quels étaient les principaux enjeux en matière de sécurité internationale à l'époque où j'ai pris mes fonctions.

J'arrive au moment de la mort de Brejnev et de la nomination d'Andropov à la tête de l'URSS (il sera remplacé un an plus tard par Tchernenko, qui restera à peine plus longtemps que lui puisque Gorbatchev sera élu en mars 1985). C'est encore la guerre froide. Fin 1982, nous sommes en pleine crise des euromissiles. Les missiles SS-20 soviétiques à portée intermédiaire sont capables de frapper l'Europe sans constituer une menace directe contre le territoire des États-Unis; les pacifistes se déchaînent pour empêcher l'installation des Pershings américains en Allemagne.

À la surprise générale, à Bonn, en mars 83, François Mitterrand apporte son soutien au chancelier Kohl, contre l'opinion des sociaux-démocrates allemands. Dans un discours prononcé à Bruxelles quelques semaines plus tard, il rappelle par cette formule restée célèbre que «les missiles sont à l'Est et les pacifistes sont à l'Ouest». Au même moment, il expulse de Paris plusieurs dizaines de «diplomates» soviétiques, la DST ayant apporté la preuve de leurs activités d'espionnage. Cet épisode, qui fait suite aux révélations de l'affaire Farewell, démontre sans ambiguïté que la France demeure un allié fidèle dans l'Alliance atlantique. Nous ne cachons pas non plus notre sympathie pour Walesa qui, en Pologne, a soulevé son syndicat (Solidarnosc) contre la dictature communiste. Les Soviétiques renoncent à répliquer par la force armée comme ils l'avaient fait jadis à Berlin et à Budapest.

Mais la guerre qui se poursuit en Afghanistan depuis 1979, après que l'armée soviétique eut envahi le pays, apporte son lot de défaites quotidiennes à l'Armée rouge, qui subit revers sur revers. Cependant, l'offensive générale lancée dans le tiers-monde par Brejnev suite à la défaite américaine au Vietnam en 1973 et à la chute du chah d'Iran six ans plus tard se poursuit en Éthiopie, en Angola et au Mozambique, par Cubains interposés entre autres.

Aux États-Unis, Reagan se dresse contre «l'Empire du mal», lance l'opération de la «guerre des Étoiles» et entreprend un formidable programme de réarmement. Il réagit vigoureusement contre les actions révolutionnaires en Amérique latine, notamment au Nicaragua.

Au Liban, après l'opération «Paix en Galilée» qui a conduit les troupes israéliennes dans les faubourgs de Beyrouth, l'imbroglio politique et militaire est plus complexe que jamais. Les troupes françaises sont aux prises avec des situations intenables, au milieu de toutes sortes d'influences étrangères et de factions qui s'affrontent. En octobre 1983, l'attentat du

Drakkar est l'acte de terrorisme le plus spectaculaire dont nous ayons été victimes. Le terrorisme, qui se développe aussi dans la métropole, trouve principalement son origine dans les différents conflits du Proche et du Moyen-Orient (la question palestinienne, Israël, la Syrie, la guerre Iran-Iraq). Ces actes barbares et aveugles deviennent, en matière de sécurité, la priorité du gouvernement français.

Un autre conflit se déroule au Tchad, où les ingérences de la Libye, les retournements de situation, les alliances incertaines avec des personnages aussi peu fiables qu'Hissène Habré ou Goukouni Oueddeï nous conduisent à lancer l'opération «Manta» en 1983-1984. Presque partout ailleurs en Afrique francophone, nous sommes confrontés à des gouvernements fragiles, incapables de maîtriser les innombrables problèmes qui les assaillent.

C'est dire que les centres d'intérêt ne manquent pas pour la DGSE dont on attend qu'elle fournisse des renseignements de qualité, qu'elle intervienne à son niveau dans les conflits en cours, qu'elle participe efficacement à la lutte contre le terrorisme, et contribue le mieux possible à la défense et à la promotion de nos intérêts nationaux dans tous les autres domaines. Autrement dit, une tâche immense qui excédait manifestement nos moyens et nos aptitudes du moment.

Le «besoin d'en connaître»

Comment mettre en application les principes que j'avais établis et les projets que j'avais envisagés avant de prendre mes fonctions?

Je devais simplifier les structures pour pouvoir rétablir le calme et exercer pleinement mes responsabilités. Je ne voulais pas les déléguer à un directeur général adjoint, et encore moins à des membres d'un cabinet, comme cette «direction générale» qui avait, auparavant, régné sur les affaires intérieures du service. Je préférais avoir trois adjoints, un opérationnel, un administratif et un technique, chacun disposant de la plénitude de ses attributions, participant en conseil à la politique générale. Mais en raison du caractère secret des activités, un cloisonnement rigoureux était nécessaire, fondé sur le principe le plus efficace à mes yeux, celui du «besoin d'en connaître» : le droit à la connaissance d'une information n'est pas lié à la position hiérarchique, mais uniquement au rôle que joue la personne dans une affaire donnée. J'avais exposé ce principe au Président lors de notre entretien à Latche; il l'avait approuvé au nom de la sécurité et m'avait explicitement assuré qu'il me laissait toute latitude pour m'organiser et choisir mes collaborateurs. Je m'en suis expliqué aussi à plusieurs reprises auprès de Charles Hernu, avant de le mettre en application.

Il ne fallait pas pour autant bouleverser une fois de plus les équipes, parachuter des nouveaux venus qui auraient tout à apprendre. Je n'ai jamais été un homme de clans. Dans la marine, où c'est d'ailleurs la tradition, j'ai toujours eu pour habitude d'accepter les collaborateurs que je trouvais lors de ma prise de fonctions. On ne récuse pas les officiers du navire dont on prend le commandement! Passé les premières semaines d'observation du service, je me suis néanmoins résigné à me séparer de quelques personnes, qui avaient participé de trop près à certains aspects de la politique de mon prédécesseur ou qui n'avaient pas l'autorité nécessaire pour insuffler un nouvel esprit dans la maison. Je dois dire qu'en dehors de ces rares cas particuliers, je n'ai eu qu'à me féliciter du dévouement et de la fidélité de mes collaborateurs; ils l'ont amplement prouvé, notamment en faisant bloc pendant la tempête de l'été 1985.

J'ai confié la direction opérationnelle au général Roger Emin. Je l'avais connu comme colonel des troupes de marine quand nous étions ensemble en service au cabinet militaire d'Yvon Bourges. Il m'avait fait une très forte impression par sa maîtrise des dossiers, particulièrement ceux des affaires africaines. Je savais qu'il avait eu jadis une affectation au SDECE; il représentait pour moi un modèle idéal d'officier du renseignement. Je l'avais à nouveau rencontré en 1980 lors d'une escale du *Colbert* à La Spezia, à l'occasion d'une visite à la marine italienne. Attaché de Défense à l'ambassade de France à Rome, il était venu nous accueillir, conformément à l'usage, et j'avais admiré sa parfaite connaissance des forces armées italiennes et de leur histoire, ainsi que la qualité des rapports qu'il entretenait avec ses correspondants. Après avoir consulté le chef d'état-major de l'armée de terre et son directeur du personnel, j'ai su que je ne pourrais trouver meilleur « directeur du renseignement » et premier adjoint que lui. Il accepta de rendre ses fonctions six mois avant la fin de son affectation à Rome pour me rejoindre.

À la tête de la direction administrative, je voulais un préfet ou un administrateur civil suffisamment jeune et dynamique pour s'atteler à la tâche prioritaire de réformer les statuts du personnel civil, condition préalable à un futur recrutement de haut niveau. Il fallait également procéder à un sérieux audit des affaires administratives, juridiques et financières, serrer les boulons, dynamiser la formation, rénover les infrastructures immobilières… Malheureusement, je n'ai pas trouvé la personne adéquate assez rapidement. De ce fait, trois mois plus tard, une première crise éclata : sous la pression du ministère de l'Intérieur, et contrairement à ce qu'il m'avait dit, le président de la République m'imposa de prendre un ancien préfet comme directeur général adjoint, dans une position hiérarchique supérieure à celle du directeur du renseignement. Quelques semaines plus tard, Philippe Parant, alors préfet de Saint-Pierre-et-Miquelon, prenait ses fonctions. Comme je n'avais pas renoncé à ma structure ternaire ni au principe du cloisonnement pour les activités les plus confidentielles, il n'a eu aucune responsabilité directe dans l'affaire du *Rainbow Warrior*. Je lui suis très reconnaissant d'avoir toujours fait preuve d'un remarquable sens de l'État et d'une très grande loyauté, en dépit de cette situation relativement difficile pour un haut fonctionnaire de son rang.

La troisième direction, que je voulais également confier à un civil afin de bien marquer ma volonté de tempérer le caractère majoritairement militaire du service, était une innovation. Par ma formation de marin, je savais l'importance des moyens techniques modernes du renseignement, et mes premières constatations m'avaient montré combien il était urgent d'aller dans ce sens. J'ai eu la chance de trouver l'homme que je cherchais en la personne d'un jeune ingénieur en chef des télécommunications qui avait été recruté par mon prédécesseur. Il a remarquablement réussi à développer une direction technique qui est aujourd'hui, je le crois, à la hauteur de nos besoins.

Rétablir la confiance

J'ai reçu l'appui du ministre de la Défense pour lancer le plan de modernisation du matériel informatique et des systèmes techniques, qui nécessitait des investissements conséquents. Ce ne fut pas sans mal, mais les choses ont pu démarrer assez vite. Les plus grandes difficultés devaient venir plus tard, quand nous avons demandé aux Armées et au Budget des effectifs supplémentaires – ingénieurs, opérateurs et techniciens – pour les mettre en œuvre. Il a fallu du temps aussi pour réaliser la transformation des moyens et des habitudes de travail par la mise en place d'une bureautique efficace afin de soulager le personnel des tâches administratives fastidieuses et par la rénovation des locaux vétustes de la vieille caserne du boulevard Mortier, où les personnels travaillaient dans un bien médiocre environnement.

Parallèlement, il fallait optimiser la production. La confiance dans la qualité des informations récoltées était entamée depuis longtemps. Déjà, du temps de De Marenches, la production du service ne bluffait plus grand monde. Je crois même que Georges Pompidou ou Valéry Giscard d'Estaing n'avaient pas pour le patron de la maison autant de considération qu'ils pouvaient en avoir pour un haut fonctionnaire du Trésor ou des Affaires étrangères. La crédibilité, ça se mérite. Un service de renseignements établit sa réputation par la qualité et l'intérêt des informations qu'il fournit. En réalité, c'était un objectif à long terme puisqu'il supposait l'amélioration de toute la chaîne de production, depuis le nombre et la qualité des «sources» humaines et techniques jusqu'à la valeur des analyses et la justesse des estimations. Comment inverser les tendances qui avaient discrédité la maison, entravé le recrutement des meilleurs éléments peu désireux d'y compromettre leur carrière, et qui n'avaient pas permis d'égaler les performances des autres services de l'État ? Sans attendre, je pouvais néanmoins m'efforcer d'entretenir de bonnes relations avec tous mes interlocuteurs.

Le président de la République m'avait invité à lui rendre compte personnellement chaque fois que je le jugerais nécessaire. J'ai usé de cette recommandation sans en abuser, puisqu'en trois ans j'ai eu une quinzaine d'audiences, prenant toujours soin de lui présenter un sommaire dactylographié des points que je lui soumettais. À l'exception d'une ou deux fois où il a manifesté son irritation, il ne m'a jamais traité avec condescendance ni avec mépris. C'est pourquoi j'ai été profondément déçu de ne plus jamais pouvoir l'approcher après le 14 juillet 1985, et d'être obligé de passer par l'intermédiaire de Charles Hernu pour lui demander de prendre contact avec les Néo-Zélandais et pour lui fournir les comptes rendus précis et véridiques de l'affaire du *Rainbow Warrior.*

J'avais également des contacts réguliers avec plusieurs de ses collaborateurs directs de l'Élysée, le secrétaire général Jean-Louis Blanco, le chef de l'état-major particulier, le général Saulnier, le responsable de la cellule africaine, Guy Penne, François de Grossouvre, Hubert Védrine lorsqu'il fut en charge des Affaires étrangères, d'autres encore selon les circonstances. Auprès du secrétaire général, qui m'a toujours réservé un bon accueil, je cherchais autant à obtenir des orientations qu'à lui commenter les renseignements qui lui avaient été transmis par écrit. J'ai également eu beaucoup de satisfaction à travailler avec Guy Penne : il pratiquait une coordination des diverses parties prenantes dans les affaires africaines, permettant à mon service d'améliorer son rendement en bonne entente avec les uns et les autres. Je n'en dirai pas autant de mes relations avec le général Saulnier : son manque de ponctualité m'imposait de longues attentes, et je ne suis presque jamais parvenu à épuiser l'ordre du jour des affaires dont je me proposais de l'entretenir. C'est généralement lui qui prolongeait les audiences au-delà du raisonnable dans des monologues auxquels je n'accordais guère d'attention.

Le cas de François de Grossouvre est différent. C'est lui qui m'avait accueilli à l'Élysée en octobre 1982. Il était alors chargé de suivre les dossiers de sécurité intérieure et extérieure, une fonction dont il devait être déchargé quelques mois plus tard. Je l'ai vu assez régulièrement pendant la première année, mais j'ai vite compris qu'il n'était pas le meilleur interlocuteur pour traiter sérieusement des affaires gouvernementales – après quoi je me suis tourné vers d'autres correspondants. Il avait un côté à la fois mystérieux et naïf. Je n'ai pas cherché à connaître dans le détail ses différentes activités – elles étaient étrangères à mon domaine –, cependant j'ai toujours entretenu avec lui des relations cordiales, je dirai même amicales, car j'étais convaincu de l'authenticité de son patriotisme. Quand je constatais que je ne parvenais pas à me faire entendre du Président sur certains points délicats, je savais qu'il pouvait lui en toucher un mot à l'occasion de leurs promenades vespérales. Ainsi ai-je attiré son attention sur certaines imprudences de la cellule Prouteau, ou sur le comportement de personnalités aussi douteuses que Maxwell ou Traboulsi dont nous connaissions les activités à l'étranger. Le Président m'avait une première fois laissé parler sans réagir; à ma seconde tentative, j'ai compris à son air courroucé qu'il était inutile d'insister. François de Grossouvre connaissait de l'intérieur les turpitudes de l'entourage du Président. Plusieurs années plus tard, quand il m'a demandé, une ou deux fois par an, de venir le voir sous divers prétextes, il m'a fait part de son écœurement grandissant, de son hostilité envers les différents clans qui se disputaient les faveurs du Président. À la fin de sa vie, cet écœurement s'appliquait à la personne même de François Mitterrand. Une quinzaine de jours avant sa mort, il m'a reçu quai Branly pour me recommander un jeune homme qui voulait faire son service national dans la marine. Il a alors prononcé cette phrase – qui est sans doute une des explications de son suicide : «Quand je pense que j'ai donné trente-cinq ans de ma vie à cet homme!»

Le ministre de la Défense

Hiérarchiquement, je dépendais directement de Charles Hernu, puisqu'après l'affaire Ben Barka, le général de Gaulle avait retiré la tutelle du SDECE à Matignon pour le placer directement sous les ordres du ministre de la Défense. Je le connaissais peu. Plus que Marenches, c'est probablement lui qui avait suggéré au Président de me confier la DGSE. Lorsque je commandais l'escadre de la Méditerranée, je l'avais en effet accueilli sur un porte-avions à l'occasion d'une manœuvre aéronavale. Je lui avais expliqué le thème de cette manœuvre et la façon dont elle s'inscrivait dans notre politique de défense, comment la pratique des stratégies indirectes pouvait renforcer la dissuasion. En raison de mes activités antérieures, j'avais plutôt bien assimilé ces notions et j'avais pu en faire au ministre un exposé assez convaincant. Ce qui me semblait important, avant tout, c'était d'expliquer l'utilité des forces navales et ma tactique pour les mettre en œuvre le plus efficacement possible dans le cadre de l'exercice en question. Je crois que Charles Hernu avait apprécié la manière dont je lui avais présenté les choses. Le lendemain il était reparti en hélicoptère et je n'en avais plus entendu parler. Quelques semaines plus tard, j'ai reçu un coup de téléphone me convoquant à Paris «pour venir exposer à des personnalités politiques, en présence du ministre, les principes de la politique française de dissuasion». Naturellement, avant d'y aller, j'ai prévenu mon patron direct, le chef d'état-major de la marine, puisque c'était normalement à lui de faire un tel exposé. Et je me suis retrouvé un après-midi au ministère de la Défense. Après avoir fait mon laïus, j'ai eu le sentiment que ça se passait bien, que c'était ce que l'on attendait de moi. Par la suite je n'ai plus revu Charles Hernu, mais j'ai appris qu'il prévoyait de me nommer inspecteur général de la Marine pour remplacer l'amiral Philippe de Gaulle.

Bien qu'étant mon chef direct, le ministre de la Défense n'a pas été mon interlocuteur principal. Il ne s'intéressait pas vraiment aux questions de politique étrangère ni au renseignement, sinon épisodiquement lorsque cela touchait directement à des opérations militaires en cours ou à la sécurité des armées. Il disposait pour cela d'une cellule spécialisée intégrée à son cabinet, le «Bureau réservé», qui était l'interlocuteur privilégié de mon service et qui réglait au mieux tous les problèmes de liaison. D'autre part, nous avions des liens étroits avec les états-majors militaires, notamment avec le Centre de renseignement de l'état-major des armées. Ce n'est qu'à partir du mois de juillet 1985 que la subordination directe a joué à plein, pendant les longues semaines qui aboutirent finalement à ce que le ministre assume la responsabilité politique de l'attentat d'Auckland.

À Matignon, le directeur de cabinet de Pierre Mauroy était Michel Delebarre. Je n'ai eu l'occasion de saluer le Premier ministre qu'une seule fois; le contact fut bref et courtois, mais manifestement mes activités ne l'intéressaient pas. En revanche, j'ai entretenu les meilleurs rapports avec son premier collaborateur, des relations de toute confiance, sans aucune ambiguïté, bien que mon domaine n'ait pas été des plus importants pour lui. Ce fut très différent avec l'équipe suivante, Laurent Fabius et Louis Schweitzer. Je rencontrais périodiquement celui-ci pour lui faire approuver et signer les fiches de mise sur écoutes. Nous avions en surveillance des membres de réseaux terroristes en liaison avec leurs correspondants étrangers et il fallait parfois modifier les attributions précédentes pour rester dans les limites autorisées de notre contingent. Louis Schweitzer veillait personnellement et avec beaucoup de rigueur à ce que les procédures légales soient strictement respectées. J'étais moi aussi très scrupuleux à ce sujet, interdisant à mes subordonnés de déborder le cadre de nos attributions, car la tentation peut être forte, quand on suit une piste terroriste ou une affaire de contre-espionnage, d'étendre les investigations. Quant à Laurent Fabius lui-même, il ne m'a jamais accordé la moindre attention. J'ai le souvenir d'un rendez-vous dans le bureau de Louis Schweitzer : il est entré sans daigner me jeter un regard, comme si j'étais transparent. Ce médiocre épisode ne mériterait pas d'être rapporté s'il n'était significatif d'une attitude qui devait se répéter plus tard quand, au lieu de dire «je ne savais pas», il aurait pu tout simplement me convoquer et me demander d'homme à homme de lui rendre compte.

Régler les contentieux

Le changement d'appellation du service, mettant l'accent sur la «sécurité extérieure», coïncida avec celui du ministère des Affaires étrangères, rebaptisé «des Relations extérieures». C'était une façon de rappeler nos intérêts communs alors que, traditionnellement en France, ce n'était un secret pour personne, les deux institutions ne travaillaient pas en harmonie. J'utilise à dessein un euphémisme : en fait, pour une majorité de nos diplomates, tout ce qui touchait au renseignement sentait le soufre. Contrairement à la Grande-Bretagne où les services secrets sont placés sous l'autorité du Foreign Office, chez nous la tradition était plutôt à l'indifférence, sinon à la méfiance.

Une de mes premières visites a été pour Claude Cheysson au Quai d'Orsay afin de lui faire part de ma volonté d'inverser cette tendance en établissant des liens systématiques et en organisant des rencontres périodiques avec ses principaux collaborateurs. Il s'agissait pour moi de bien connaître les objectifs et les modalités de notre politique étrangère, pour le Quai d'apprendre à connaître nos possibilités, en un mot d'instituer des échanges plus confiants entre deux institutions dont le premier point commun était d'œuvrer dans l'intérêt national. J'ai reçu le meilleur accueil tant du ministre lui-même que de ses principaux adjoints; d'excellentes relations se sont établies, et se sont poursuivies quand Roland Dumas a été en charge de ce ministère. Je sais que mes successeurs ont œuvré dans le même sens, développant encore plus ce travail de collaboration, de sorte que les meilleurs diplomates acceptent désormais d'occuper des postes élevés dans le service sans que ce soit ressenti comme un handicap pour leur carrière.

J'ai dit combien les relations entre la DGSE et la DST avaient été détestables. Le contentieux était très lourd mais, au-delà des questions de personnes et des susceptibilités, il y avait des raisons de fond.

La première à mon sens tenait au fait que la DST était incontestablement beaucoup plus compétente en matière de contre-espionnage, notamment vis à vis de l'URSS. Bénéficiant de la continuité dans les objectifs et les méthodes de travail, les excellents professionnels qui depuis 1946 surveillaient les espions étrangers sur notre sol avaient acquis une expérience incomparable. L'affaire Farewell, une des missions les plus importantes jamais réalisées à l'encontre des services secrets soviétiques, fut saluée comme un remarquable succès. Il aurait fallu que le SDECE dispose de réseaux de contre-espionnage performants à l'Est pour pouvoir égaler les performances que son ancêtre, le service du colonel Paillole, avait obtenues contre l'Allemagne nazie avant et pendant la Seconde Guerre mondiale. Ce n'était malheureusement pas le cas. Par ailleurs, l'histoire mouvementée du service n'avait pas permis cette continuité dans le travail et dans les affectations du personnel, cette longue patience, sans lesquelles il est inconcevable de réussir dans le contre-espionnage.

La seconde raison tenait à l'évolution générale du monde et à l'apparition de nouvelles menaces, dont la plus préoccupante était le terrorisme. Réglementairement, la répartition des attributions entre la DST et la DGSE était effectuée selon un critère territorial. Comme dans toutes les grandes démocraties, il fallait éviter que le traitement des affaires d'espionnage ne conduise à des excès, que des citoyens soupçonnés d'intelligence avec l'étranger ne bénéficient pas de solides garanties judiciaires. Les fonctionnaires de la DST sont officiers de police judiciaire : ils opèrent donc dans le cadre des lois de la République et dépendent du ministre de l'Intérieur, comme aux États-Unis où les agents du FBI sont placés sous le contrôle du ministre de la Justice. En matière de contre-espionnage, la DGSE n'est compétente qu'en dehors du territoire national. Mais les terroristes se moquent des frontières et, de plus en plus souvent, les policiers qui les traquent sont obligés de coopérer avec leurs collègues étrangers et de développer leurs propres relations internationales. D'où une source d'interminables conflits d'attributions qui s'enveniment d'autant plus aux niveaux subalternes que ceux-ci sont jaloux de leurs prérogatives.

En dépit de mes efforts personnels, de ma volonté de rapprochement en vue d'une franche coopération, je ne suis pas parvenu à faire taire toutes les préventions entre la DST et la DGSE, et je dois à la vérité de dire que certains de mes collaborateurs ont eu une large part de responsabilité dans cette situation. Néanmoins, au bout de trois ans, nous avions fait quelques progrès, notamment au sein de l'unité de coordination de la lutte antiterroriste, l'UCLAT, qui réunit toutes les parties prenantes sous l'égide du ministre de l'Intérieur. Il n'en reste pas moins que des fonctionnaires de police et des officiers de renseignement ont des approches dissemblables. Cela tient à des différences de «cultures» professionnelles que l'on peut transformer en complémentarités pour peu que les patrons responsables des services s'attachent personnellement à désamorcer les conflits entre leurs subordonnés.

C'est dans cet esprit que j'avais demandé à plusieurs reprises au président de la République le rétablissement du Comité interministériel du renseignement, dont j'avais fait partie lors de mon affectation à Matignon. La première demande est restée sans réponse, la seconde reçut un avis négatif; j'ai très vite compris que c'était vraiment contraire à ses conceptions. Il m'avait bien dit, à Latche, sa méfiance envers la police. Mais je pense aujourd'hui, à la lumière des événements et des révélations de ces douze dernières années, qu'il y avait une raison beaucoup plus profonde à cela. Pour un si grand artiste en tactiques et en manœuvres politiciennes, rien n'était plus important que d'empêcher les différents réseaux de communiquer entre eux, de se comprendre, pour peut-être finir par s'entendre. Le maître mot est toujours le même : diviser pour mieux régner! C'est la plus ancienne et la plus sûre des recettes des hommes de pouvoir. Les tenants du consensus, les hommes de bonne volonté, sont des empêcheurs de gouverner en rond!

Secrets de famille

À l'inverse, le Président approuva la ligne de conduite que j'avais retenue pour mes relations avec les services secrets étrangers. Ce problème m'avait préoccupé dès le début : je savais que, même dans les meilleures coopérations interalliées, il y avait des domaines réservés. En ce sens, la façon dont la guerre s'était déroulée était riche d'enseignements : nous savions que les Anglais et les Américains n'avaient pas partagé les secrets du décryptement des machines à chiffrer allemandes avec d'autres alliés, et qu'ils avaient même parfois agi sans se concerter, notamment en Yougoslavie. En conséquence, quelle était la marge de manœuvre lorsque nous traitions avec les collègues des pays amis en poste à Paris, comment devait-on se comporter lorsque nous étions reçus à l'étranger?

J'ai pensé au parallèle entre les secrets d'État et les secrets de famille : quels que soient vos liens d'amitié, il y a des détails intimes dont vous ne parlerez jamais aux autres. Pas seulement par pudeur, mais par dignité, par respect pour vos proches. Il ne faudrait certes pas tomber dans les excès d'hypocrisie, comme ceux que j'ai connus dans ma jeunesse où l'on ne disait pas que la tante Untel était divorcée car «ça ne se faisait pas».

Le principe est le même dans les affaires professionnelles : il y a des informations que l'on ne partage pas. Ce ne sont pas pour autant des turpitudes, des actions inavouables qu'il conviendrait de cacher, mais tout simplement des éléments à caractère privatif, qui appartiennent en propre à chaque institution. Un juriste exprimerait cela bien mieux que moi.

J'ai tenu à préciser, même à nos meilleurs alliés, qu'en tant que responsable des services secrets de mon pays il y aurait toujours dans notre coopération des limites que je ne franchirais pas. Sous la réserve que nos autorités aient donné leur accord explicite, des actions communes pourraient être entreprises sans la moindre arrière-pensée, à condition toutefois de ne pas déborder du cadre précis de cette coopération. Autrement dit, il était envisageable et même quelquefois préférable de constituer des *task forces* bi- ou multilatérales dans le cadre de missions précises, mais il était hors de question de mettre en place une intégration opérationnelle permanente. Cela revenait à dire : « Je ne vais pas profiter de notre amitié pour tenter de connaître vos secrets de famille, pas plus que, naturellement, vous n'avez l'intention de le faire à mon encontre. » Je me suis toujours attaché à jouer ce jeu loyalement, quitte à décevoir les amateurs de coups tordus, mais sans avoir non plus la naïveté de croire que tout s'est toujours passé dans des conditions aussi idylliques !

Mieux vaut être trop méfiant

En dépit de mes efforts et de ma volonté de dialogue, je n'ai pas pu modifier le climat général de méfiance et d'incompréhension si caractéristique de la conception qu'on a en France des services de renseignements. Pour une majorité de nos concitoyens, cela relève de l'ignorance teintée d'un rejet pour tout ce qui est secret, du romantisme sulfureux des affaires d'espionnage et de manipulations. À cela s'ajoute un vieux fond d'antimilitarisme : « ces cons de militaires » sont des apôtres de la violence armée, des fauteurs de troubles, de dangereux budgétivores… La DGSE, composée d'une majorité de personnels militaires, accumulait donc deux lourds handicaps.

En dehors du climat à l'intérieur du service, il faut aussi tenir compte de la nature très particulière de ces activités. La culture du secret est, à l'évidence, une stricte obligation professionnelle, mais ce n'est pas sans conséquences sur la psychologie et sur le comportement des personnels. On leur inculque à tous, même au conducteur de voiture ou au réparateur du chauffage central, des règles de discrétion qui peuvent aisément engendrer chez les plus fragiles de véritables fantasmes. C'est encore plus évident dans les branches qui sont spécifiquement en charge de la sécurité et du contre-espionnage.

Comme la guerre froide sévissait encore, la phobie de l'espionnage soviétique conduisait certains spécialistes à multiplier les soupçons. On appelait cela le «syndrome d'Angleton», du nom de cet ancien chef du contre-espionnage de la CIA qui s'était laissé impressionner par les révélations de transfuges russes, au point de voir partout des espions. Il était devenu tellement paranoïaque que Bill Colby dut le renvoyer de la Compagnie. Quelques années plus tard, nos collègues américains tombèrent dans l'excès inverse. En 1992, ils découvrent avec stupeur la trahison d'un de leurs plus anciens collaborateurs : Aldrich Ames, le fils d'un des membres fondateurs de la CIA, fournissait aux Soviétiques des quantités de renseignements, notamment sur les réseaux américains en URSS, provoquant l'arrestation et la mort de nombreux agents. L'enquête menée par leurs «amis» du FBI démontra qu'en matière de contre-espionnage il était préférable d'être trop méfiant que pas assez! Bien sûr, tout cela n'est pas une raison pour entretenir un climat de suspicion permanente, mais on conçoit que, pour le patron, l'équilibre n'est pas toujours facile à établir.

Le service «Action»

Un autre secteur difficile était le service «Action». Il conservait en héritage les traditions des forces spéciales de la Seconde Guerre mondiale et de certains groupes armés de la Résistance, mais plus encore celles des guerres d'Indochine et d'Algérie. Beaucoup de réservistes étaient toujours inscrits sur les registres des unités mobilisables en cas de conflit. Ils avaient une forte «culture» antisoviétique, parfaitement justifiée dans l'optique des opérations spéciales envisagées par l'OTAN, en cas d'invasion soviétique. On a beaucoup glosé sur les réseaux «*stay behind*», ces infrastructures clandestines qu'on avait prévu de mettre en place derrière les lignes, à l'image de ce qu'avaient fait les Alliés à partir de 1943 dans l'Europe occupée, ou de ce que les Soviétiques avaient réalisé eux-mêmes en créant l'armée de partisans qui avait harcelé avec tant de succès les troupes allemandes en Russie. Baptisés «réseaux GLADIO» en Italie, ils y furent détournés de leur vocation strictement militaire et se transformèrent en milices clandestines d'extrême droite. Nous n'en sommes jamais arrivés là chez nous, mais il est certain que nos personnels d'active et de réserve n'étaient pas non plus des «gauchistes». Quoi qu'il en soit, à l'époque où j'ai dirigé la DGSE, il ne restait plus guère de nostalgiques de l'Algérie française ou de rescapés de l'OAS.

Le service «Action» a été dirigé dans les années soixante-dix par un homme tout à fait remarquable, le général de Marolles – qui était alors colonel. Il avait parfaitement compris la véritable dimension clandestine, ce qu'il appelait à juste titre «l'action invisible», et il avait admirablement su la mettre en œuvre, notamment lors de l'opération de Kolwezi, qui bloqua avec succès l'offensive soviéto-cubaine contre le Zaïre. Mais, malgré la présence de quelques-uns de ses disciples, le service avait beaucoup évolué en quelques années. François Mitterrand avait évoqué devant moi certaines turpitudes africaines, qui ne représentaient que quelques cas isolés. Je me suis efforcé d'y mettre bon ordre tout en refusant d'entrer dans le jeu des intrigues politico-africaines : je ne suis absolument pas doué pour les comprendre! Sans perdre de temps à remuer des eaux troubles, j'ai préféré me consacrer au rétablissement préalable de la discipline militaire telle que je la conçois, c'est-à-dire une discipline librement consentie par des hommes libres et loyaux, capables de dire non ou de surmonter leurs réticences dès l'instant où ils ont accepté une mission.

Pour ces hommes et ces femmes, formés au dur apprentissage des troupes aéroportées, des commandos et des nageurs de combat, moralement et physiquement entraînés aux exercices les plus exigeants, l'appartenance au service «Action» supposait en outre l'acquisition d'une dimension supplémentaire : la pratique de la clandestinité. Certains d'entre eux l'avaient déjà acquise, mais il restait encore beaucoup à faire pour constituer un ensemble homogène. Les révélations de l'affaire du *Rainbow Warrior* ont mis en évidence un certain nombre d'erreurs, voire même de fautes caractérisées de la part de quelques exécutants, ce qui prouve – s'il en était besoin – qu'à l'époque nous étions loin du compte. Il serait cependant profondément injuste et contraire à la vérité d'en tirer des conclusions systématiquement négatives. Je tiens pour ma part à rendre hommage à ces hommes et à ces femmes que j'ai eu l'honneur de commander, et qui ont montré en d'autres circonstances qu'ils ne méritaient pas d'être considérés comme les principaux responsables de cet échec.

2. L'ÉPILOGUE

10 juillet 1985. Le sabotage du *Rainbow Warrior*, le bateau du mouvement écologiste Greenpeace, cause la mort d'un photographe, membre de l'expédition. Le bateau gît sur le flanc dans le port d'Auckland. Le 12 juillet, la police néo-zélandaise arrête un couple de touristes suisses, M. et Mme Turenge, au moment où ils s'apprêtent à reprendre l'avion.

Ainsi commence ce qui allait devenir l'un des plus grands scandales du moment, impliquant la DGSE, et pour cause, puisqu'elle avait commis cet attentat.

L'annonce du décès de ce photographe m'affecta beaucoup plus profondément que certains des collaborateurs de Charles Hernu, qui allèrent jusqu'à me féliciter discrètement quand ils apprirent la nouvelle de l'action à Auckland. Nous avions délibérément pris certains risques, mais j'avais refusé des propositions de sabotage en pleine mer précisément pour éviter de faire des victimes, et voilà que nous avions tué un innocent! Le surlendemain, le coup fut encore plus rude, et mes inquiétudes grandiront lorsqu'on nous apprit l'arrestation de deux de nos officiers.

« On nous fait la guerre »

Je n'avais évidemment pas entrepris une telle opération de ma propre initiative. En ce qui me concerne, l'affaire Greenpeace commença le 19 mars 1985. Ce jour-là, le directeur de cabinet de Charles Hernu me demanda de mettre en œuvre les moyens de la DGSE pour interdire au mouvement Greenpeace de réaliser ses projets d'intervention contre les prochains essais nucléaires français à Mururoa… Je savais déjà que la direction du Centre d'essais nucléaires et l'état-major des armées s'inquiétaient des actions que Greenpeace envisageait de conduire : elles semblaient devoir être beaucoup plus importantes et agressives que toutes les opérations antinucléaires menées auparavant. La campagne médiatique promettait d'être particulièrement virulente. L'action de Greenpeace ne viserait pas seulement à violer notre souveraineté comme lors des précédentes campagnes de tir, mais, allant beaucoup plus loin, elle voulait nous désigner à la vindicte de l'opinion mondiale.

Nous avons tout de suite lancé une série d'enquêtes et d'études préparatoires, et il est vite apparu qu'en raison des délais beaucoup trop brefs – la demande de la fin du mois de mars concernait les essais prévus en juillet – nous n'aurions ni le temps ni les moyens de monter des contre-mesures non violentes. Nous pensions à des actions subtiles, conformément à la tradition de discrétion des services spéciaux. Par exemple, semer la discorde dans les organisations antinucléaires, paralyser leurs systèmes informatiques, entraver leur logistique. Ou bien monter une contre-opération médiatique – comme nos successeurs ont su remarquablement le faire quelques années plus tard –, en prenant de vitesse les émissions de Greenpeace, de sorte que les télévisions internationales retransmettent les images tournées par les armées françaises avant que les écologistes ne puissent leur fournir les leurs. Mais de telles contre-mesures ne s'improvisent pas, elles se préparent longtemps à l'avance.

Soumis à une très forte pression du ministre de la Défense, j'avais donc pour mission d'empêcher l'expédition de Greenpeace de rejoindre la zone interdite autour de Mururoa. Compte tenu des distances et des délais, il était impossible d'agir avant que le *Rainbow Warrior* n'arrive à Auckland. Il fallait faire en sorte qu'il ne puisse appareiller et, faute d'avoir trouvé une autre solution, j'ai donc entériné le plan de sabotage conçu par les spécialistes du service «Action». Cette opération était trop compliquée, trop risquée et surtout tout à fait condamnable dans son principe même. Mais je dois dire qu'aucune des rares personnes au courant n'a élevé d'objections. J'en ai parlé plusieurs fois à Charles Hernu qui a fait taire mes scrupules en m'expliquant : «On nous fait la guerre! La poursuite des essais nucléaires est vitale pour la défense française. C'est l'un des attributs fondamentaux de notre souveraineté, nous ne pouvons pas tolérer que quiconque nous interdise de poursuivre ces expérimentations.»

Le président de la République était lui aussi très déterminé à défendre notre liberté d'action à Mururoa. Il me l'a confirmé lors de l'audience qu'il m'accorda le 15 mai dans l'après-midi, quand je lui demandai si je pouvais poursuivre les préparatifs en vue de satisfaire la requête du ministre de la Défense. Il fallait que j'obtienne un supplément exceptionnel de fonds spéciaux, les ressources courantes ne suffisant pas. Je me suis donc adressé au général Saulnier, le chef d'état-major particulier du président de la République, le seul habilité à en faire la demande au Premier ministre, Mais j'ai été obligé de le relancer à plusieurs reprises entre avril et juin, allant jusqu'à demander l'appui personnel de Charles Hernu pour qu'il veuille bien accélérer les procédures.

Quand on m'a informé que tout était prêt, et avant de donner le feu vert pour l'exécution de l'opération, j'ai tenu une dernière fois à obtenir la confirmation de l'ordre du ministre. Je voulais m'assurer que nous étions bien en phase sur l'emploi de la méthode choisie pour mener à bien cette mission. Il m'a reçu le 4 juillet au matin dans son bureau et me l'a confirmé.

À partir de ce jour, j'étais en droit de considérer que nous étions personnellement solidaires dans cette action. L'arrestation du «couple Turenge» le 12 juillet a été le point de départ de cette solidarité et effectivement, dans les semaines suivantes, je me retrouverai très souvent seul avec lui, tentant de sauver ce qui pouvait encore l'être. Nous avons su très vite, l'un et l'autre, que nous risquions fort d'être sacrifiés si le scandale ne pouvait être étouffé. Dès le 14 juillet, François de Grossouvre me rapportait des propos que le Président avait fait dans ce sens. Ce qu'il avait dit à Charles Hernu – qui me le raconta le 17 juillet – ne faisait que confirmer mes impressions : « C'est plus grave que l'affaire Ben Barka, si ça ne s'arrange pas, vous et Lacoste, vous sauterez. »

« C'est inavouable ! »

Après le drame, ma première réaction fut de chercher un moyen discret d'entrer en contact avec le gouvernement néo-zélandais. À Auckland, deux de nos officiers étaient aux mains de la police, sous de fausses identités qui ne résisteraient pas longtemps à des investigations sérieuses. Il fallait tout faire pour les protéger et les faire libérer; un avocat fut dépêché sur place immédiatement. Je faisais une analogie avec la situation du petit garçon qui a les doigts pleins de confiture alors qu'on a trouvé un pot cassé dans la cuisine. Deux attitudes sont possibles : soit il nie, soit il reconnaît qu'effectivement il a fait une bêtise. Je voulais évidemment adopter la seconde solution. Bien sûr, ce n'était pas une ligne de conduite facile à suivre, mais j'envisageais pour traiter ce genre de problème de choisir parmi plusieurs voies possibles, comme il en existe entre gouvernements pour régler des affaires délicates tout en restant à l'écart des indiscrétions médiatiques. Je ne pouvais évidemment pas le faire sans l'accord du ministre de la Défense et du Président.

À Paris, je me suis heurté au refus horrifié de Charles Hernu lorsque je lui ai proposé d'entrer indirectement en contact avec la Nouvelle-Zélande. Il l'a réitéré tout aussi violemment quelques jours plus tard, fin juillet, quand nous avons eu la certitude qu'aucun autre de nos agents ne risquait d'être arrêté et que, compte tenu de l'avancement de leurs enquêtes, les policiers d'Auckland étaient quasiment certains d'avoir affaire à des Français. Si j'avais été moi-même néo-zélandais, j'aurais été profondément choqué, vexé même, de l'attitude des autorités françaises et j'aurais été encore plus agressif vis-à-vis des gens ayant commis cet acte sur mon territoire. Le Premier ministre néo-zélandais, David Lange, avait la réputation d'avoir très mauvais caractère, mais il avait aussi – je ne l'ai appris que beaucoup plus tard – de solides amitiés dans les milieux socialistes français. Charles Hernu a même ajouté ce jour-là : «De toute façon, le Premier ministre trouve que c'est inavouable!» En toute rigueur, je ne suis pas en mesure d'en déduire qu'il avait informé précisément Laurent Fabius de notre responsabilité. Mais cette phrase m'a tellement frappé que j'en ai pris note le jour même; je ne l'ai jamais oubliée.

C'est ainsi que, pour avoir préféré le mensonge à la vérité, nous nous sommes trouvés pris dans une situation inextricable. Quelles qu'aient été mes réticences envers cette ligne de conduite, j'ai encore une fois considéré que j'étais solidaire de mon ministre. Il était mon chef hiérarchique, cette opération avait été commandée sur sa demande, en conséquence, il était clair et conforme à l'éthique professionnelle que je ne pouvais recevoir d'ordres que de lui-même, quitte à être totalement coupé des autres autorités politiques. D'ailleurs, à partir du 10 juillet, mes interlocuteurs habituels au gouvernement, tout comme le Président lui-même, ont refusé de me recevoir. Rares sont ceux qui acceptaient de me parler au téléphone. Manifestement, j'étais devenu un pestiféré.

Protéger mes subordonnés

Durant la première période, du 12 juillet au 5 août, nous avons assisté au démantèlement successif de toutes les mesures de sécurité que nous n'avions pas manqué de mettre en place. Elles étaient pourtant solides, mais n'avaient pas été prévues pour résister aux investigations de la police française. La «stratégie du mensonge» n'ayant pas été concertée aux niveaux supérieurs de l'État, les ministres de l'Intérieur et de la Justice ont pu mener leurs propres enquêtes et prêter leur concours à la police néo-zélandaise, agissant ainsi contre la

DGSE, comme ils l'auraient fait envers une association de malfaiteurs.

J'avais, à plusieurs reprises, insisté auprès de Charles Hernu pour qu'il me permette de rendre compte personnellement au président de la République. Pendant ce temps, la presse, la radio et la télévision répétaient à l'envi les propos des hommes du gouvernement et du Président lui-même selon lesquels « ils n'étaient au courant de rien, on ne les avait pas prévenus, ils ne savaient pas ». J'avais pourtant rédigé à l'intention de François Mitterrand des rapports écrits, circonstanciés. Il aurait été pour moi inconcevable de cacher quelque information que ce soit au chef de l'État. Ces documents existent encore, mais je n'ai toujours pas la certitude que Charles Hernu ait osé les montrer au Président, en particulier lorsqu'il est allé le voir à Latche aux environs du 10 août. Il n'est pas nécessaire de s'y référer, mais le simple bon sens démontre que, pour avoir des informations, il suffisait de me convoquer, de me demander de rendre compte oralement ou par écrit.

Contraint, à mon corps défendant, de suivre mon ministre dans la thèse de la dénégation, j'ai été guidé en permanence par un souci prioritaire, celui de protéger mon service et mes subordonnés. D'abord les officiers Dominique Prieur et Alain Maffart, prisonniers à Auckland, puis, dans les semaines suivantes, les trois sous-officiers du voilier *Ouvéa*.

Sous le prétexte d'une navigation de plaisance, ce bateau parti de Nouvelle-Calédonie avait gagné la Nouvelle-Zélande en juin, sans aller jusqu'à Auckland. Reparti le 9 juillet vers Nouméa, il faisait escale à l'île de Norfolk, à mi-chemin. Il était clair que son équipage ne pouvait avoir commis le sabotage. Néanmoins, la police d'Auckland alerta ses collègues de Norfolk qui soumirent le bateau à une fouille complète et son équipage à un long interrogatoire. Faute de preuves, ils les laissèrent appareiller le lendemain. Peu après, un avis de recherche international fut lancé contre eux par la Nouvelle-Zélande.

Pendant ce temps, quelques journalistes français poursuivaient leurs investigations tant auprès des Néo-Zélandais que de leurs sources habituelles en France. Début août, plusieurs articles mettaient le feu aux poudres.

La deuxième période, du 7 août à la mi-septembre, fait suite à la très orageuse réunion qui s'est tenue dans le bureau du président de la République. Pour Franz-Olivier Giesbert, cette réunion donna le signal de départ de la «chasse au Hernu». C'est ce jour-là que le Premier ministre obtint de confier une mission d'enquête à Bernard Tricot, conseiller d'État, ancien secrétaire général de l'Élysée. À partir de ce moment-là, les actions officielles contre le service s'intensifièrent; la presse identifia les trois sous-officiers de l'*Ouvéa*, tout fut mis en œuvre pour les conduire en justice.

Devant Bernard Tricot, je me suis efforcé d'être le plus franc possible et j'ai mis à sa disposition tous les éléments qu'il souhaitait consulter. Néanmoins, je lui ai fait comprendre que je ne pourrais pas aller au-delà de certaines limites, celles-là même que j'avais prescrites à mes collaborateurs. Très peu d'entre eux étaient effectivement au courant des faits précis, en application des procédures de cloisonnement et du principe du «droit d'en connaître». Et ni les «deux époux Turenge» ni l'équipage de l'*Ouvéa* n'avaient exécuté l'attentat, ce qui rendait plausible la thèse selon laquelle ils n'avaient rempli qu'une mission de renseignement. Il nous fallait absolument protéger ce qui constituait notre ultime sécurité : l'identification d'une troisième équipe.

Lorsque Bernard Tricot me demanda, à l'occasion d'un de nos entretiens, si je serais capable de lui mentir, je lui ai répondu : «Oui, monsieur le conseiller d'État, s'il s'agissait par exemple de garantir la sécurité d'un vrai clandestin de mon service.» Et, pour prouver mon propos, je lui ai fait présenter un de nos hommes qui disposait effectivement d'une «couverture» très confidentielle, laquelle, à ma connaissance, n'a jamais été percée.

Le «rapport Tricot» fut remis au Premier ministre le lundi 26 août au matin. Tout en exposant les résultats de son enquête, qui accréditaient la thèse d'une mission de renseignements, il faisait état de certaines ambiguïtés et de quelques doutes. Interrogé par les médias à midi, Bernard Tricot fut assez prudent pour ne pas les laisser transparaître. Je me suis toujours demandé pourquoi il accepta, le soir même, de revenir devant les journalistes qui, ayant eu le temps d'analyser son texte, le harcelèrent de questions telles qu'il manifesta publiquement son embarras. Dès lors, la crédibilité du rapport était largement compromise.

Au cours de cette même période, nous avons été confrontés à la crise la plus préoccupante. L'histoire de l'*Ouvéa* avait été abondamment commentée, et la police néo-zélandaise voulait à tout prix faire aboutir cette piste. Charles Hernu m'ordonna, paraît-il sur ordre du Président lui-même, de faire disparaître les trois hommes en cause à l'étranger. C'était stupide, inacceptable pour eux et pour leurs familles, et bien plus dangereux que de les garder sous notre protection. Bien m'en a pris de ne pas suivre un ordre donné manifestement dans un moment d'affolement. Mais il fallut résister à l'acharnement de tous ceux qui étaient décidés à nous perdre, allant jusqu'à prescrire des perquisitions dans les archives de la Direction du personnel militaire de l'armée. C'est à cette occasion que je me suis résigné à adresser un véritable ultimatum au cabinet du ministre, en expliquant qu'avant de traîner en justice des militaires qui n'avaient fait qu'exécuter les ordres il faudrait d'abord m'inculper moi-même. La procédure fut arrêtée dans l'heure.

Je garderai toujours une très vive reconnaissance à ce haut fonctionnaire de la police qui m'a fait savoir que le mandat international lancé le 15 août par les Néo-Zélandais n'était qu'un mandat de «recherche». Il suffisait donc que les trois hommes se présentent spontanément devant un officier de la police judiciaire pour éteindre cette procédure, ce que nous avons fait au plus tôt, non sans prendre les précautions de sécurité nécessaires… on ne sait jamais!

Un acte délibéré de désobéissance

À la fin du mois d'août et au début de septembre, le climat commença à changer. Le Président, alerté par plusieurs personnalités et par l'agressivité des militants antinucléaires, envoya une lettre très ferme au Premier ministre néo-zélandais, David Lange. Afin de bien marquer l'importance qu'il accordait aux essais nucléaires, il organisa un voyage à Mururoa le 11 septembre, en se faisant ostensiblement accompagner de ses principaux ministres. Il semble qu'il ait cru à ce moment que l'affaire pourrait être étouffée. C'est alors que *Le Monde* a fait paraître, dans son édition datée du 19 septembre, un article dévoilant l'existence de la «troisième équipe» : «Ce qu'elles disent (– nos sources –) aboutit aux mêmes conclusions. Qui a agi? À les en croire, une troisième équipe, évoquée par *Le Canard enchaîné* du 11 septembre, complémentaire de l'équipage du voilier *Ouvéa*, chargé de la logistique, et du faux couple Turenge, lequel aurait servi de "leurre" vis-à-vis des Néo-Zélandais, aurait réuni le matériel apporté par l'*Ouvéa* aux auteurs de l'attentat. Ces derniers seraient deux nageurs de combat de l'armée française, chacun ayant posé une charge.» Le directeur du *Monde* n'aurait évidemment pas publié ces informations sans avoir vérifié ses renseignements auprès de sources parfaitement fiables, ce qui, avec la caution d'un journal de cette réputation, rendait toute dénégation inutile…

La troisième période de cette histoire a été la plus courte. Le jeudi 19 septembre, François Mitterrand adressait une lettre courroucée à son Premier ministre : «Malgré les investigations que vous avez ordonnées, il nous faut constater que la presse fait état d'éléments nouveaux dont nous ne pouvons apprécier la réalité faute d'avoir obtenu des services compétents les informations nécessaires. Cette situation ne peut plus durer.»

Celui-ci convoqua immédiatement son ministre de la Défense qui me demanda, de sa part, de déclarer sur l'honneur par écrit que je n'avais pas donné l'ordre de couler le *Rainbow*

Warrior. Il m'informait en même temps que le Premier ministre avait fait une demande similaire au général Lacaze, chef d'état-major des armées, et au général Saulnier, ancien chef d'état-major particulier du président de la République. Dans son livre *Les Blessures de la vérité*, Laurent Fabius précise : «Les généraux Saulnier et Lacaze me font parvenir immédiatement cette déclaration sur l'honneur; l'amiral Lacoste non.»

Dans une première lettre à Charles Hernu, j'avais refusé d'ajouter quoi que ce soit à ce que j'avais dit à Bernard Tricot, déclarant : «Dans l'hypothèse où, à la suite de nouvelles révélations provenant de la presse ou de services de police, certains membres de mon service viendraient à être déférés devant la justice de mon pays, je ne manquerais pas de demander aux autorités judiciaires d'être moi-même déféré, dès lors qu'ils sont mes subordonnés et que je n'ai aucun doute sur leur sens de la discrétion et de l'honneur.»

Trouvant cette réponse insuffisante, Laurent Fabius exigea, dans les minutes qui suivirent, à nouveau par l'intermédiaire de Charles Hernu, que je lui dise «s'il y avait bien eu une troisième équipe et si les initiales de prétendus agents, telles qu'elles figurent dans certains articles de presse correspondent, à ma connaissance, à celles d'agents de mon service». Assumant complètement les risques et les conséquences de mon attitude, je signai une nouvelle réponse où j'écrivis : «En raison des responsabilités qui m'ont été confiées au regard de la sécurité de mon pays, de la pérennité des services de renseignements français, et de l'obligation morale absolue dans laquelle je me trouve de défendre l'honneur et la sécurité de mon service et de mes subordonnés, j'estime que le devoir m'impose de ne pas répondre à ces questions. D'une part, elles pourraient mettre en péril la vie de certaines personnes qui ont accompli récemment, ou dans un passé plus lointain, des missions délicates ou dangereuses. D'autre part, elles s'inscrivent dans le contexte de rumeurs, d'accusations publiques et d'interventions d'enquêteurs étrangers qui, aidés et soutenus par des policiers français, n'hésitent pas à conduire leurs investigations dans les armées et dans les services secrets de la République.»

C'était bien un acte de désobéissance délibéré, auquel je m'étais d'ailleurs préparé depuis plusieurs semaines. J'avais tenu à informer les trois chefs d'état-major (terre, air et mer) des raisons pour lesquelles je me résignerais à adopter cette ligne de conduite dans le cas où certaines limites seraient franchies par le pouvoir politique. Quand tout est perdu, il faut au moins sauver l'honneur.

Le jeudi soir 19 septembre, Charles Hernu expliquait encore aux journalistes qu'il n'était au courant de rien et qu'on lui avait tout caché. Le lendemain matin, il était contraint de démissionner, pour être aussitôt remplacé par Paul Quilès.

Message court à la radio

Je n'ai pas démissionné. J'avais été nommé en Conseil des ministres, c'était à un autre Conseil des ministres de nommer mon successeur. Je quittai mon bureau le vendredi après-midi, après avoir réuni mes plus proches collaborateurs pour leur donner cette consigne : «Vous avez un nouveau ministre, c'est votre patron, vous devez répondre à toutes ses demandes. Vous ne pouvez pas lui objecter le secret-défense. Vous savez ce que nous avons fait, vous avez les comptes rendus, tous les documents sont en ordre.» J'ai cependant ajouté une remarque, pour détendre l'atmosphère : «Je parierais volontiers que vous allez être convoqués successivement, mais dans l'ordre hiérarchique inverse : ça commencera par l'adjudant, ensuite le capitaine, puis le colonel, peut-être le général, et je serai convoqué en dernier.»

Il paraît que cela s'est réellement passé ainsi! En tout cas, en ce qui me concerne, ce n'est que le dimanche après-midi, alors que j'étais à la campagne chez des amis, que j'ai reçu une convocation immédiate à l'hôtel de Brienne, siège du ministère de la Défense. Je n'ai pu que confirmer au nouveau ministre les propos de mes collaborateurs et les faits rapportés dans les documents mis à sa disposition.

Avant de quitter définitivement mon bureau, j'ai reçu l'appel téléphonique d'un journaliste que je connaissais à peine. Il tenait à me prévenir que le service de presse de Matignon mettait en place une campagne médiatique qui devait se déchaîner contre moi la semaine suivante. Après quelques minutes de réflexion, je rejetai l'idée de dévoiler tout ou partie des turpitudes auxquelles j'avais assisté ces dernières semaines. Je me suis souvenu des conseils que j'avais entendus quand j'accompagnais mes officiers stagiaires de l'École de guerre navale dans les studios de télévision où on les initiait aux techniques de communication : les messages courts et directs ont un impact bien plus fort que les longues palabres. J'ai donc choisi de ne dire qu'une seule phrase : « Un chef des services secrets ne trahit jamais ses subordonnés. » Le message est passé à dix-neuf heures sur les ondes et je n'ai plus jamais entendu parler de la campagne qui devait me charger de tous les maux.

Le dimanche soir, le Premier ministre reconnaissait officiellement à la télévision le rôle de la DGSE dans le sabotage du *Rainbow Warrior*, la responsabilité politique de cette action relevant du ministre de la Défense.

Le mercredi 26, jour du Conseil des ministres, j'étais comme prévu démis de mes fonctions de directeur général de la DGSE. À ma grande surprise, je fus convoqué dans le bureau du Premier ministre à treize heures. C'est là que, pour la première fois, Laurent Fabius, en présence de Paul Quilès, a daigné m'adresser la parole. Je compris qu'il voulait entendre de ma bouche la confirmation de ce que son nouveau ministre lui avait appris. Lorsque je lui confirmai avoir toujours fourni en temps utile à mon ministre les comptes rendus oraux et écrits qu'il m'avait demandés, il a pâli comme si c'était pour lui un véritable choc.

IV.

Le temps de la réflexion

Démis de mes fonctions le 26 septembre 1985, j'ai également été mis à la retraite, ou plus précisément, pour respecter les termes de la loi, admis dans le «cadre de réserve» puisque j'avais dépassé de six mois la limite d'âge supérieure des officiers généraux, limitée à soixante et un ans.

Je n'avais pas d'amertume, j'éprouvais plutôt, après ces dures semaines, un sentiment de soulagement. J'avais soumis mon épouse et ma famille à rude épreuve. Pas plus que les collaborateurs de mon service – à l'exception du très petit nombre de ceux qui étaient effectivement impliqués –, elle n'était au courant des dessous de l'affaire. Je m'étais imposé vis-à-vis de mes proches une totale discrétion : ne pas tenter de rectifier les allégations les plus mensongères et ne jamais répondre aux attaques prononcées à longueur de colonnes dans la presse.

Dans les mois et les années qui suivirent, je fus très souvent sollicité pour répondre de l'affaire du *Rainbow Warrior*. Je m'en suis toujours tenu au message que j'avais fait passer à la radio le 20 septembre. C'est une question de simple bon sens : si celui qui a été choisi par le gouvernement pour diriger les services secrets n'est pas capable de garder le silence, comment pourra-t-on continuer à l'exiger des membres du service? En entrant à la DGSE, on s'engage sur l'honneur à respecter strictement la confidentialité des activités. Si le patron est le premier à manquer à cet engagement, qui acceptera à l'avenir de servir dans de telles conditions?

J'avais scrupuleusement veillé à rester dans mon rôle, à ne pas participer aux discussions, aux intrigues et aux querelles du monde des politiciens. J'avais lutté pour que mon honneur, celui du service, celui de l'armée, ne soient pas entachés par l'accusation de désobéissance et pour qu'on ne puisse pas prétendre que nous avions pris une initiative sans le consentement du pouvoir légal. La reconnaissance de la responsabilité politique ne fut acquise que le jour où Charles Hernu a démissionné de sa fonction de ministre de la Défense, le 20 septembre. Cette page ayant été tournée, il ne m'appartenait toujours pas de commenter les agissements du gouvernement, encore moins de l'Élysée. Je ne voulais pas être l'officier général mettant en cause le Premier ministre ou le président de la République. D'autres que moi, hommes politiques, journalistes ou historiens, s'en étaient déjà chargés et poursuivaient leurs enquêtes. Je ne m'y suis pas intéressé outre mesure, je n'ai pas cherché à lire tous les articles, à connaître tous les commentaires, partiaux ou non, qui ont été publiés à ce sujet. En revanche, je ne me suis jamais dérobé à mes propres responsabilités, j'en ai assumé les conséquences sans états d'âme, et je les reconnais encore aujourd'hui.

Avec d'autant plus de facilité, qu'à cette occasion j'ai pu mesurer le total dévouement de mes collaborateurs. Ils m'ont constamment conseillé, suivi et épaulé avec la plus grande fidélité. Sans leur appui, je n'aurais pas réussi cet exercice périlleux auquel j'ai été contraint à partir du jour où le pouvoir politique a choisi de mentir aux autorités de la Nouvelle-Zélande et de se mentir à lui-même. Les témoignages de soutien et de compréhension qui m'ont été adressés par mes anciens subordonnés et par un grand nombre d'amis, et même des inconnus, m'ont conforté dans mes convictions. Il ne fallait pas qu'à l'échec s'ajoute le déshonneur.

Car les conséquences de cette affaire ont été très lourdes. D'abord pour Dominique Prieur et Alain Maffart, qui ont subi les rigueurs d'une longue détention et d'un procès particulièrement pénible sous les feux de la presse internationale. Et puis pour le service, que l'échec a durablement déstabilisé et discrédité tant dans l'opinion nationale qu'à l'étranger. Des historiens anglo-saxons y ont vu la preuve d'une tendance systématique du renseignement français à privilégier les actions militaires clandestines au détriment de l'art beaucoup plus subtil des activités secrètes pour lesquelles, visiblement, nous n'aurions pas d'aptitude.

Enfin, la France fut ridiculisée, humiliée, montrée du doigt dans le monde entier, obligée d'engager des négociations difficiles et coûteuses. Vis-à-vis de Greenpeace et des opposants à nos forces nucléaires, l'effet avait été exactement l'inverse de celui que nous recherchions : une formidable publicité pour l'organisation et une condamnation presque unanime de nos expérimentations nucléaires. Pourtant si les moyens employés étaient incontestablement condamnables, puisqu'à la limite on a pu parler d'un acte de terrorisme, je persiste à croire à la légitimité des fins que nous poursuivions.

C'est un des thèmes qui a nourri mes réflexions sur la géopolitique, les stratégies, la sécurité et l'information dans les années suivantes dès lors que, grâce à André Giraud, j'ai pu recommencer une activité d'études en juin 1986, en prenant la présidence de la Fondation des études de la Défense nationale.

1. Éléments de géopolitique

Il arrive heureusement que le souvenir d'événements excessivement dramatiques impressionne tellement la conscience des peuples que la réaction du «plus jamais ça» finit par s'imposer à leurs dirigeants. J'ai été très frappé de constater que c'est par une révolution pacifique que l'Espagne est passée du franquisme à la démocratie. Je pense que tous les Espagnols ont eu, consciemment ou inconsciemment, la volonté d'éviter le retour aux horreurs de la guerre civile de 1936. De même, les hommes du Kremlin ont-ils été absolument déterminés, après la mort de Staline, à ne plus permettre qu'un autre dictateur fasse régner parmi les siens une terreur analogue à celle des procès de Moscou de l'avant-guerre. D'ailleurs, Staline lui-même avait fait preuve d'une très grande prudence, en souvenir de l'invasion nazie de 1941, pour ne pas s'engager dans une troisième guerre mondiale. À Yalta, il avait pris toutes les garanties afin que son emprise sur l'Europe de l'Est soit, sans risque de guerre, entérinée par les Anglo-Saxons.

La peur du nucléaire participe à cet effet du «plus jamais ça», et c'est une excellente chose. Les écologistes jouent à cet égard un rôle tout à fait bénéfique. À condition effectivement que les actes des gouvernements soient en accord avec leurs déclarations et que les plus cyniques n'en profitent pas, comme les Soviétiques avaient tenté de le faire, pour obtenir un désarmement unilatéral à leur profit.

Dans l'approche prospective des problèmes de la Défense, j'ai montré qu'il fallait avoir une vision à long terme, seule façon de galvaniser les énergies, de faire agir tous les acteurs dans le même sens. Il faut des hommes d'exception pour rassembler les Français, pour qu'ils renoncent provisoirement à leurs éternelles divisions. Après les faillites des grandes idéologies du XXe siècle et devant la complexité des sociétés modernes, il est bien difficile d'imaginer comment un nouveau prophète pourrait proposer un projet susceptible d'entraîner une adhésion générale. On s'unit plus facilement pour faire face à un danger que pour construire un nouvel édifice. C'est pourquoi, sans faire preuve de pessimisme, je crois à la vertu et à l'efficacité du «plus jamais ça». Je crois qu'à tout le moins il est possible de s'entendre pour empêcher le retour de certains fléaux. De ce point de vue, les batailles pour les droits de l'homme, pour la santé, pour la sauvegarde du patrimoine écologique des forêts et des océans sont tout à fait encourageantes. Même si elles sont souvent détournées de leurs véritables buts au profit d'intérêts politiques ou mercantiles.

La FEDN

La Fondation pour les études de Défense nationale était un organisme de taille modeste qui jouissait à juste titre d'une bonne réputation dans les milieux universitaires. Succédant au général Fricaud-Chagnaud, j'ai trouvé une équipe légère qui se consacrait à la recherche en matière de défense, de stratégie et de géopolitique. Un des membres les plus éminents était mon ancien camarade du CPE, le général Poirier, dont la réputation en matière de stratégie, notamment nucléaire, avait largement dépassé nos frontières.

Mes prédécesseurs avaient imprimé à la Fondation un esprit d'ouverture, en profitant d'un statut d'indépendance qui leur permettait de ne dépendre d'aucune hiérarchie en dehors du conseil d'administration. Il faut noter toutefois que le ministre de la Défense disposait du pouvoir de faire élire la plupart des membres du conseil, et que de lui dépendaient les modestes ressources financières. L'absence de conformisme et de dogmatisme s'était traduit par la réalisation d'études originales, que les armées n'auraient sans doute jamais commandées de leur propre initiative. Un des exemples les plus pittoresques de cette attitude fut la publication d'un ouvrage sur la Défense rédigé par des «non-violents». Le fait qu'il y ait eu parmi eux d'anciens militants antinucléaires n'avait pas rebuté le président de la Fondation. Il avait eu tout à fait raison de le faire car il en est résulté un intéressant rapprochement de points de vue, les non-violents sincères ayant reconnu la validité de certains impératifs de la sécurité et trouvé des voies qui n'étaient pas incompatibles avec les principes de la Défense.

Je n'ai eu aucune difficulté à conserver une approche libérale et à faire appel à des chercheurs venus d'horizons divers. C'était dans la ligne de ce que j'avais défendu quelques années plus tôt quand, à l'Institut des hautes études de la Défense nationale, j'avais milité en faveur de l'introduction des études de défense à l'École nationale d'administration et dans les universités. À cette époque, c'était encore un sujet tabou. Il n'y avait à ma connaissance qu'une seule chaire dans toute l'Université française qui traitait de l'histoire militaire, celle du professeur Martel à Montpellier. Ailleurs, conséquence peut-être de «l'esprit de 1968», il n'était pas question d'aborder ces sujets.

J'y tenais d'autant plus que le modèle stratégique concrétisé par le Livre blanc de 1972, auquel le CPE avait beaucoup contribué, était largement méconnu. Nous en étions encore aux ricanements sur «la bombinette». Grâce à l'action de quelques pionniers, au soutien actif des ministres de la Défense et de l'Éducation, et à la tutelle du secrétaire général de la Défense nationale, la situation a changé en quelques années et de nombreuses universités ont désormais dans leurs programmes de DESS ou de DEA des matières touchant aux affaires stratégiques et de Défense.

Paradoxalement, à la même époque, beaucoup d'officiers s'inquiétaient de cette ouverture. Ils étaient tellement habitués à considérer les affaires militaires comme confidentielles, tellement soucieux de préserver le secret, que la simple idée d'admettre parmi les civils de l'Institut des «gens de gauche» les révoltait. Nous n'étions pas très nombreux, dans le climat d'antisoviétisme de la guerre froide, à préconiser qu'on invite des personnalités socialistes de l'opposition à suivre nos travaux, à participer aux visites des organismes militaires les plus importants, et à recevoir des informations très précises sur la Défense. Comme s'ils n'étaient pas des citoyens et des patriotes comme les autres! C'est ce qui a fini par se produire, grâce à quoi, quand ils sont arrivés au pouvoir en 1981, au lieu d'appliquer les propositions de leurs idéologues, les nouveaux responsables ont maintenu la politique de leurs prédécesseurs avec une remarquable continuité.

À la FEDN, j'ai également poursuivi les relations avec nos homologues étrangers, de façon à multiplier les contacts, au-delà des pays amis et alliés; nous nous sommes efforcés de briser la glace des relations Est-Ouest en profitant de la détente. J'ai le souvenir de la réception pendant trois jours d'une délégation soviétique conduite par un «collègue», un amiral, ancien commandant en chef de la flotte russe d'Extrême-Orient. Après des débuts un peu difficiles, nous avions réussi à échanger nos points de vue, avec une certaine liberté de ton de la part des Soviétiques. Mais, pour la séance finale, l'amiral n'a pas osé renoncer aux pratiques habituelles : il a sorti un papier qui, manifestement, avait dû au préalable recevoir l'imprimatur d'un des pontes de l'ambassade car c'était à nouveau de la «langue de bois». Quelques mois plus tard, nous avons repris nos échanges dans une ambiance encore plus constructive. Le général Poirier avait effectué des démonstrations lumineuses de logique stratégique, et le résultat de nos échanges fut la reconnaissance par les Soviétiques de la validité du concept dit «du faible au fort», que Gorbatchev lui-même devait officiellement admettre peu après.

En rapportant cette anecdote, je ne veux pas donner l'impression que la FEDN ait été comparable aux grands centres de recherche français, dont plusieurs comme l'IFRI ou le CREST ont aujourd'hui acquis une grande notoriété, mais je crois qu'à cette époque, bien que sous la dépendance du ministère de la Défense, la FEDN a joué son rôle d'intermédiaire actif, d'organisme indépendant des doctrines officielles. J'ai eu la chance de disposer d'une excellente équipe de collaborateurs dont j'ai beaucoup apprécié la compétence et le dévouement et avec qui j'ai travaillé dans une ambiance de bonne humeur et d'amitié. J'ai quitté la Fondation en juin 1989, après y avoir travaillé trois ans, mais j'ai pu poursuivre cette activité d'études et de recherche dans d'autres cadres, notamment celui de l'université de Marne-la-Vallée, qui a bien voulu m'associer à ses travaux.

La guerre du Golfe

En 1990-1991, la guerre du Golfe a été l'occasion pour les États-Unis de tourner définitivement la page du Vietnam en faisant une démonstration éclatante de la supériorité de leurs forces militaires. Ce fut aussi et surtout le succès d'un système de décision politique, diplomatique et stratégique exceptionnellement performant. Sur le plan militaire, dans l'éventualité d'un conflit avec l'URSS, ils avaient mis au point un concept fondé sur l'exploitation des possibilités de la haute technologie appliquée aux forces de combat. Cela allait à l'encontre de la stratégie russe qui, par tradition, fondait sa supériorité opérationnelle sur le nombre inépuisable des soldats et des matériels : des blindés aux avions, de l'artillerie aux fusées, l'effet de masse leur avait permis de vaincre les armées d'Hitler. Certes, ils avaient suivi et parfois précédé les innovations techniques des armements occidentaux, mais le génie industriel et logistique des Américains avait abouti à une machinerie complexe et bien plus efficace.

Fort heureusement, la politique d'interdiction de la guerre par la force de dissuasion n'avait pas permis de tester les améliorations technologiques de l'armement américain face aux Russes. La guerre contre Saddam Hussein allait, de ce point de vue, offrir aux États-Unis une occasion inespérée. Je ne veux pas dire par là qu'ils l'ont provoquée. Mais il est clair que la conjonction des intérêts pétroliers – le golfe Persique, première réserve mondiale d'énergie fossile, représente pour les États-Unis un enjeu vital – et de la défaite de l'Union soviétique a été remarquablement exploitée par George Bush. Pour la première fois depuis sa création, le Conseil de sécurité de l'ONU n'a pas été paralysé par le droit de veto d'une des deux superpuissances. Gorbatchev a laissé les mains libres aux États-Unis pour intervenir au nom des Nations unies en réaction à une agression caractérisée, en accord explicite avec les dispositions de la Charte.

Les généraux américains ont toutefois rappelé à leur Président qu'en aucun cas il ne fallait renouveler les erreurs du Vietnam, l'intervention progressive, «par petits paquets», ayant conduit à la défaite que l'on sait. Au contraire, dans le but d'acquérir d'emblée une supériorité massive sur les forces iraquiennes, il fallait se donner le temps d'accumuler les moyens avant d'engager les hostilités. C'est ainsi qu'au lieu des deux cent cinquante mille hommes prévus à la fin de l'été 1990, il y en avait finalement près de cinq cent mille au moment de l'offensive de février 1991.

J'ai eu l'occasion à cette époque de rédiger une série d'articles pour *Le Figaro*. Et aussi, pendant les opérations, de commenter les événements à la télévision. Beaucoup de personnes m'ont dit m'avoir vu très souvent à l'écran. Pourtant j'y ai été bien moins présent que plusieurs de mes confrères, généraux de l'armée de l'air ou de l'armée de terre, qui ont passé de longues heures dans les studios. Pour ma part, je n'y suis allé que quatre ou cinq fois en tout pour des périodes qui n'ont jamais duré plus de trente minutes. Comme quoi des messages courts peuvent avoir plus d'impact que de longs commentaires.

Les forces armées américaines ont donc fait en Iraq une remarquable démonstration de leur maîtrise des technologies les plus avancées de la guerre moderne. Par exemple avec les missiles Tomahawc à très longue portée, lancés à partir de sous-marins ou de navires de surface positionnés à des centaines de kilomètres du théâtre des combats, ou avec des engins similaires de l'US Air Force, lancés à partir de bombardiers se tenant à haute altitude et à «distance de sécurité» des défenses adverses. Ces missiles munis d'un autoguidage final de grande précision ont réussi dès le premier jour à opérer des «frappes chirurgicales» dans Bagdad même, détruisant d'emblée quelques-uns des centres vitaux de l'armée iraquienne, sans pour autant infliger aux populations civiles des pertes comparables à celles qu'on avait connues pendant les bombardements de la Seconde Guerre mondiale. Un autre exemple est celui de l'introduction des techniques les plus avancées de l'électronique, de l'espace et de l'informatique opérationnelle, pour constituer des réseaux intégrés où circulent toutes les informations nécessaires au commandement, au contrôle, aux communications et au renseignement d'une opération interarmées et interalliée mettant en jeu des centaines de milliers de combattants.

Les Américains ont à nouveau montré à quel point ils maîtrisaient les questions logistiques et les problèmes d'organisation. Et encore plus la communication, ce qui n'est généralement pas perçu par nos concitoyens. La façon dont CNN, la chaîne télévisée à couverture mondiale, a alors servi la stratégie des États-Unis est un cas d'école. Dépassant son rôle d'information, elle a souvent été utilisée comme un facteur tactique décisif dans une véritable «guerre de l'information» que Saddam Hussein a perdue vis-à-vis de l'opinion mondiale et même de ses frères arabes.

Le prix de la protection

Mais le plus grand succès des États-Unis fut rarement mentionné par les commentateurs obnubilés par les aspects les plus spectaculaires de la démonstration technico-opérationnelle de leurs armées : le fait d'avoir réussi à faire payer cette guerre par les autres, en particulier par la richissime Arabie saoudite et par ceux de leurs alliés européens et asiatiques – à commencer par l'Allemagne et le Japon – qui n'avaient pas directement participé aux combats. C'était envoyer un signal très fort, sans ambiguïté. En premier lieu aux deux vaincus de la Seconde Guerre mondiale qui jouissaient d'une prospérité économique insolente. Ensuite à tous ceux qui comptent sur les forces armées américaines pour garantir leur sécurité : il faut payer le prix de la protection.

Qui plus est, cette guerre a été, et est encore, un formidable argument publicitaire pour l'industrie américaine d'armement qui a remarquablement réussi à négocier le tournant de l'après-guerre froide. Alors même que les budgets fédéraux de la Défense étaient réduits de 30 %, les industriels regagnaient à l'extérieur de nouveaux marchés, consacrant ainsi leur hégémonie mondiale dans ce secteur.

Privés d'ennemis, les États-Unis sont maintenant repartis à la conquête pacifique d'une nouvelle frontière à la dimension du monde, qui se déploie dans le champ économique. Les légions de cette nouvelle Rome sont constituées de financiers, de managers, de juristes et de diplomates conscients de leur puissance et plus encore de la vérité profonde de leur choix de société. Leurs armes ne sont plus les chars, les avions, les navires, mais les systèmes d'informations, les réseaux financiers, les cabinets d'avocats, le contrôle des sources d'énergie à l'échelle planétaire.

Depuis cette époque j'ai continué à observer avec beaucoup d'intérêt l'évolution de la pensée stratégique française. Le Livre blanc sur la Défense élaboré et publié sous le gouvernement Balladur a été le résultat d'un effort sans précédent de réflexion pluridisciplinaire et de coopération entre tous les organismes compétents. L'analyse du paysage mondial de l'après-guerre froide prend en compte les nouveaux dangers tels le terrorisme, l'extrémisme religieux, les conflits ethniques, la drogue ou les mafias. Le recours à plusieurs scénarios ouvre le champ des hypothèses de défense. On est loin, fort heureusement, de l'esprit «ligne Maginot», de la garde passive aux frontières dans l'attente d'une initiative de l'adversaire, qui fut celle de nos gouvernants et de la société française avant-guerre face à Hitler. On y voit au contraire l'exposé d'une conception dynamique de la sécurité active, préconisant la vigilance, le renseignement, l'initiative par la mise en œuvre de stratégies préventives.

Notre intervention en Yougoslavie aurait pu constituer une démonstration du savoir-faire de nos soldats dans un conflit d'un nouveau genre. Placés dans le cadre onusien des casques bleus, ils ont malheureusement été paralysés par la lourdeur du système de décision du Conseil de sécurité, totalement inadapté à la conduite d'opérations aussi délicates. L'Europe a manqué là une occasion unique de faire preuve de volonté politique et de mettre en œuvre, dans le cadre de l'Union de l'Europe occidentale, une force militaire commune.

Cependant, les moyens prévus par le Livre blanc de 1994 excédaient de beaucoup les ressources disponibles. Il a fallu déchanter en 1996 en constatant l'ampleur des problèmes non résolus depuis des années par les gouvernements précédents et l'état désastreux des finances publiques. Les décisions de Jacques Chirac renonçant au service militaire et à «l'armée mixte», réduisant d'une façon drastique les effectifs et les moyens des armées, ont fait oublier l'avance conceptuelle du Livre blanc et passer sous silence le remarquable effort d'adaptation progressive réalisé par les états-majors français en quelques années.

Pour illustrer par une formule la situation géopolitique telle que je l'observe du point de vue de la sécurité, j'ai souvent recours à l'apologue des «deux mondes».

Les deux mondes

Le premier monde est le monde officiel des États souverains, responsables, membres de l'Organisation des Nations unies, qui se plient aux règles et aux codes de conduite du droit international. Le second monde est celui des multiples organisations non gouvernementales officielles ou clandestines. C'est le monde des puissances non étatiques qui ont tissé leurs réseaux à l'échelle de la planète. Beaucoup sont parfaitement honorables, mais il y en a aussi de criminelles. On y trouve des ONG à vocation humanitaire et des mouvements écologiques, voisinant avec l'oligarchie du pétrole ou celle des céréales; on y trouve aussi des mafias, les yakusa japonais et la Cosa Nostra américaine, des sectes et des mouvements terroristes… La presse internationale rend compte épisodiquement de quelques-uns des faits les plus spectaculaires qui révèlent l'existence du second monde, mais beaucoup d'autres sont occultés par le «non-dit» et échappent à la diffusion médiatique. On parle peu des «zones grises», ces zones hors la loi soumises à des seigneurs de la guerre qui défient impunément la communauté des États de droit. Le second monde est, à l'évidence, celui où il y a le plus de secrets, lourds de toutes sortes de menaces et de dangers.

Dans le premier monde, tous les gouvernements responsables se disent désireux de coopérer à la sécurité collective. Les grandes puissances luttent contre la prolifération des armes de destruction massive, pour éviter que de tels moyens ne tombent sous le contrôle d'extrémistes fanatiques et irresponsables. Le risque d'un terrorisme nucléaire, chimique ou biologique doit absolument être conjuré. Les grandes puissances cherchent à prévenir les crises, les guerres et toutes les formes de la violence armée. Mais le domaine des relations internationales est tellement complexe que les problèmes ne peuvent être traités qu'au cas par cas. L'expérience de la Yougoslavie, pour ne citer que cet exemple, a montré comment des intérêts concurrents et des divergences d'appréciation initiales entre les États pouvaient dégénérer en un conflit incontrôlable.

Dans le second monde, les enjeux sont encore plus ambigus : les préoccupations de sécurité extérieure et intérieure y sont si étroitement imbriquées du fait de la mondialisation, de la globalisation et de la déréglementation des économies, qu'il devient de plus en plus difficile de distinguer les intérêts nationaux des intérêts catégoriels. Les États perdent progressivement leurs attributs de souveraineté au profit d'entités nouvelles, qui vont des communautés supranationales comme l'Union européenne aux collectivités régionales, ou des entreprises multinationales aux puissantes corporations.

On constate que l'égoïsme national demeure la règle et que les États ne sont pas vraiment décidés à s'engager sans restrictions dans la lutte contre la grande criminalité internationale. Quand il s'agit par exemple du terrorisme d'origine islamique, tout se passe comme si chacun espérait détourner chez les autres la vindicte des groupes les plus dangereux. Quant aux divers trafics d'armes, on sait que certains États en sont les premiers fournisseurs.

Mon expérience à la DGSE a été trop courte pour me permettre de pénétrer les arcanes du second monde, mais cependant suffisante pour acquérir la conviction qu'il y a là les plus graves menaces pour la sécurité. Je ne doute pas qu'il y ait des hommes d'État responsables qui en soient conscients, mais la plupart d'entre eux sont absorbés par la gestion des affaires courantes, par les prochaines élections, les crises politiques, sociales ou financières qui ne leur laissent guère le temps de se consacrer aux problèmes plus fondamentaux nécessitant une vision à long terme.

La géopolitique contemporaine est dominée par la puissance hégémonique des États-Unis dont la réussite est fondée sur un formidable optimisme. L'esprit de conquête des Américains les conduit à considérer qu'ils viendront à bout de ces nouvelles menaces, que les succès dus à leur dynamisme leur permettront, comme par le passé, de les surmonter. Les grands « tycoons » du capitalisme du XIXe siècle, qui n'étaient pas des enfants de chœur, n'ont pas hésité à pratiquer des méthodes peu recommandables, mais en fin de compte ils ont largement contribué à la prospérité du pays, et les fils des mafieux d'hier sont parfois les bons citoyens d'aujourd'hui. Les succès accumulés depuis la fin de la guerre froide, tant au plan politique qu'économique, ne peuvent que les conforter dans la croyance en la supériorité de leurs institutions et de leurs choix de société.

Je souhaite que les dirigeants de «la nouvelle Rome» fassent preuve à l'avenir de la même sagesse que leurs prédécesseurs, les *wise men*, les sages de 1947 qui, après avoir gagné la Seconde Guerre mondiale contre les impérialismes nazi et japonais, ont été capables d'apporter la prospérité et de rétablir la démocratie chez les vaincus. Puissent-ils ne pas céder au triomphalisme et comprendre que l'hégémonie n'est supportable que dans le respect de règles du jeu applicables à tous les acteurs de la vie internationale, y compris à eux-mêmes.

2. De la défense à la sécurité

Grâce aux connaissances et à l'expérience que j'avais acquises dans les années précédentes, j'étais conduit à porter un regard non conformiste sur les évolutions politico-stratégiques du monde contemporain. Je n'avais évidemment pas la prétention de rivaliser avec les vrais spécialistes, hauts fonctionnaires, diplomates, officiers, ingénieurs et – de plus en plus – universitaires qui les suivaient au jour le jour en demeurant en contact étroit avec les réalités. Mais, précisément, le fait de ne plus être en activité me donnait un certain recul par rapport aux événements. C'est à cette époque que j'ai publié un essai sur un sujet alors méconnu du public : les mafias.

La thèse principale que j'y ai développée, c'est qu'un nouveau danger, bien plus pernicieux que les menaces militaires, bien plus redoutable que les formes connues de la violence et de la criminalité organisée, met nos sociétés en péril. Ce phénomène, que j'appelle le «syndrome mafieux», peut être assimilé à un véritable cancer social qui s'étend à l'échelle planétaire.

Il se trouve qu'au moment où j'achevais la rédaction de ce livre, les assassinats spectaculaires des juges Falcone et Borsellino ont profondément secoué l'opinion italienne. Dans les mois suivants, l'opération «Mains propres» devait dévoiler l'ampleur et la gravité d'un mal qui avait gagné toutes les branches de la société. La convalescence est longue, mais, après quelques excès de la part de certains juges qui se sont pris pour des justiciers, il semble bien que ce grand peuple est en passe de retrouver les équilibres d'une authentique démocratie. Depuis lors, c'est à l'échelle mondiale que, grâce à l'action de quelques personnalités courageuses, hauts fonctionnaires des Nations unies, journalistes d'investigation, policiers et magistrats intègres qui dans tous les pays luttent avec acharnement contre ce fléau, la «loi du silence» commence progressivement à être transgressée. On dispose à présent d'une abondante documentation, et l'opinion mondiale prend conscience du danger. On connaît les ravages que font les mafias dans l'ancien Empire soviétique par exemple, où elles ont complètement parasité la société. Les nouveaux riches russes se pavanent à Chypre et à Marbella quand ils n'achètent pas des résidences de luxe sur la Côte d'Azur! On est mieux informé sur les «exploits» des cartels sud-américains, véritables multinationales qui se partagent avec les puissantes triades chinoises les marchés mondiaux de la drogue. Ce sont désormais des acteurs à part entière de l'économie mondiale. On parle des mafias turques, des yakusa japonais, des organisations similaires qui sévissent partout où les structures sociales sont fragilisées par la guerre ou par la misère. Mais, faute de volonté ou de courage politique suffisant, les États de droit, y compris les démocraties les plus puissantes, se révèlent encore incapables de contrôler ces phénomènes.

Comme le phénix

J'ai eu souvent la possibilité, depuis 1992, d'exposer mes opinions sur ce sujet et de les confronter à celles des experts. Notamment dans le cadre des travaux d'une association européenne intitulée Europe 2000, qui réunit des magistrats, des policiers, des fonctionnaires et des parlementaires de plusieurs pays afin d'étudier les questions de la délinquance et de la criminalité internationale. Sous l'impulsion de personnalités venues notamment des Pays-Bas, l'association, dont la branche française est présidée par Marise Goldsmith-Dansaert, a développé des rapports fructueux avec les anciens pays de l'Europe de l'Est qui manquaient de références démocratiques pour traiter ces problèmes.

Depuis une quinzaine d'années, j'avais acquis la conviction que les questions de défense et de sécurité extérieures et intérieures devaient être de plus en plus étroitement coordonnées. J'ai rappelé les difficultés de la coopération entre la DST et la DGSE dans la lutte contre le terrorisme international. Mes relations au sein d'Europe 2000 avec des professionnels de diverses spécialités qui avaient une grande expérience du terrain m'ont conforté dans mes analyses : la coordination s'impose dans ces affaires plus encore que dans les autres, parce que l'ouverture des frontières, la déréglementation, les facilités d'échanges et de communications ont beaucoup plus profité aux escrocs et aux mafieux qu'aux services chargés de faire appliquer la loi. J'observe donc avec beaucoup d'intérêt les progrès réalisés par le système d'information Schengen, le SIS, par Europol, et par Interpol, qui regroupent policiers, gendarmes et douaniers. Je me réjouis de voir les magistrats se concerter et tenter d'harmoniser les procédures, des parlementaires se saisir de ces problèmes. Mais je constate que ces progrès sont encore très insuffisants au regard de l'ampleur des défis à relever : l'imagination des criminels, les ressources considérables dont ils disposent grâce au blanchiment et au recyclage de «l'argent sale» sont telles qu'à chaque avancée des policiers ils répondent par une nouvelle initiative qui leur permet de survivre et de prospérer.

Ces questions ne se posent pas qu'en Europe. J'ai rencontré aux États-Unis, dans le cadre d'échanges d'expériences entre instituts de criminologie, plusieurs représentants de ce qu'on appelle en anglais le *law enforcement*. Cette formule est plus générale que la traduction française de «forces de l'ordre» parce qu'elle englobe des services comme la Commission de surveillance des opérations de Bourse ou les services de sécurité de la poste des États-Unis. Ces représentants nous ont tous fait part de leurs inquiétudes devant le déséquilibre croissant entre les facilités offertes aux malfaiteurs et celles dont ils disposent eux-mêmes. En dépit de l'existence des lois fédérales, qui n'ont pas encore leur équivalent en Europe, la multiplication des mini et des micro-États en Amérique latine, les paradis fiscaux, les astuces juridiques et l'habileté des avocats grassement payés par la pègre rendent leur tâche de plus en plus difficile. Comme le rocher de Sisyphe, tout est toujours à recommencer! Une question me trottait dans la tête depuis longtemps, et je me rappelle l'avoir à l'époque soumise à mes camarades de l'IHEDN sous la forme d'une boutade : les mafias résistent à toutes les attaques, comme le phénix elles renaissent toujours de leurs cendres. Quelle est donc leur recette? Je voudrais tant que l'organisation de la défense de mon pays soit aussi efficace!

J'avais abordé la question mafieuse à partir d'un constat d'ordre géopolitique : la fin de l'affrontement bipolaire Est-Ouest a permis à toutes sortes de conflits latents d'éclater. Pour prendre une autre métaphore mythologique, on a soulevé le couvercle de la boîte de Pandore alors qu'on croyait pouvoir bénéficier des «dividendes de la paix». L'effondrement des régimes communistes a libéré des formes de violence et de nouvelles menaces, dont les crimes perpétrés durant la guerre en Yougoslavie ne sont qu'une des plus spectaculaires illustrations.

Mais c'est à partir des principes fondamentaux de la sécurité que je me suis efforcé d'analyser les mécanismes spécifiques des mafias, en profitant de mon expérience professionnelle de marin – les techniques de la sécurité nautique, de la sécurité au combat –, d'officier – les tactiques et les stratégies –, et d'ancien responsable de la DGSE – le renseignement et les actions clandestines.

Je ne rappellerai pas ici tous les paradoxes et les défis de la sécurité. Je m'en suis inspiré pour analyser les risques et les menaces. C'est une clé de lecture commode pour comprendre leur nature et pour définir les ripostes qu'on peut leur appliquer. Je crois que la remarque la plus essentielle tient en cette phrase : «L'homme est à la fois le plus performant des producteurs de sécurité et le plus dangereux de tous les prédateurs.» Chacun peut en effet observer d'un côté les progrès remarquables réalisés par les ingénieurs, les physiciens, les médecins dans la lutte contre les risques naturels, et de l'autre les échecs des hommes d'État, des policiers, des militaires face à la malignité de leurs adversaires. Jamais dans l'histoire de l'humanité les transports aériens n'ont été aussi sûrs, jamais les maladies infectieuses n'ont été mieux combattues. Mais rarement on a vu des guerres aussi atroces que celle de l'ancienne Yougoslavie, des génocides perpétrés sans le moindre scrupule comme au Rwanda et au Zaïre.

Les progrès face aux risques «accidentels» s'expliquent par l'efficacité des techniques et des organisations, qui découlent de l'application rigoureuse de la logique scientifique et de la méthode expérimentale. Les échecs constants, d'une inévitable fatalité, face aux risques «provoqués», s'expliquent par le fait que la logique conflictuelle, qui régit les affrontements entre les hommes, est faite de tactiques et de stratégies où les adversaires en présence rivalisent de volonté, d'astuce et d'intelligence dans un combat sans fin. Pour bien le comprendre, il faut se référer au plus profond des ressorts de la condition humaine, la lutte incessante entre le bien et le mal, entre les hommes de paix et les «perturbateurs», comme disait l'amiral Castex quand il évoquait Gengis Khân et Staline.

Les mécanismes pervers

Nous avons vécu hier la croisade des démocraties contre les dictatures, il faudrait aujourd'hui faire celle des honnêtes gens contre toutes les formes de la corruption mafieuse. Les «fascistes» contemporains, ce sont les parrains des multinationales du crime. Mais ils sont tellement habiles à se camoufler derrière des façades d'honorabilité et d'immenses fortunes qu'on aura bien du mal à les débusquer.

L'approche par la sécurité m'a donc conduit à compléter les approches traditionnelles de la Défense par la prise en compte d'un ensemble de phénomènes que j'appelle les «mécanismes pervers».

Les théoriciens militaires connaissent bien la notion de «stratégies indirectes» : quand le rapport des forces vous est défavorable, quand une attaque frontale serait trop coûteuse, le général astucieux contourne l'obstacle, recherche l'effet de surprise. Aux échecs, comme au jeu de go, ce sont des pratiques courantes. En politique, les préceptes de Machiavel prônent la ruse du renard quand on ne peut pas compter sur la force du lion. L'inventaire des stratagèmes est inépuisable, mais il en est qui sont plus performants que d'autres. Fondés sur le mensonge, la tromperie, l'exploitation systématique des faiblesses humaines, ces mécanismes pervers sont particulièrement redoutables. Les préceptes qui ont fait la fortune des révolutionnaires du XXe siècle sont en grande partie vieux comme le monde, on en trouve des exemples dans toutes les cultures, dans toutes les civilisations : ainsi le traité du Chinois Sunzi, redécouvert par les Occidentaux au siècle dernier.

Les parrains mafieux sont les héritiers d'une longue tradition : la politique du bâton et de la carotte, de la peur et de l'intérêt, de la loi du silence, de la corruption des représentants de l'ordre leur permet d'exercer leur pouvoir occulte et de maintenir leurs complices et leurs victimes sous leur domination. Les dictateurs agissent de même envers les membres des nomenklaturas à leur service. Un exemple significatif de mécanisme pervers est celui des autobiographies exigées des cadres des partis communistes staliniens. Périodiquement, ils étaient invités à rédiger de mémoire, sans pouvoir recourir à des notes, une nouvelle version extrêmement détaillée de leur biographie à l'usage de la «section des cadres», véritable cœur du pouvoir dans le parti. Toute erreur, toute différence d'une rédaction à l'autre pouvait être utilisée contre eux. On a vu lors des procès de Moscou comment Staline avait su utiliser cet instrument démoniaque pour éliminer ses adversaires.

La manipulation des foules, la technique des assemblées générales et des votes à main levée, l'intimidation des adversaires, le «je te tiens, tu me tiens» qui bloque les velléités de ceux qui voudraient réagir, les coups bas, les trahisons et les renversements d'alliance sont d'usage quotidien sur le théâtre des luttes sociales et politiciennes. Les trotskistes qui se tiennent dans l'ombre de certains syndicats connaissent parfaitement les techniques de «provocation-répression». Les prestataires de services qui opèrent pour le compte de divers lobbies ont de nombreux tours dans leur sac. Mais rien n'est plus dangereux que la corruption de ceux-là même qui sont responsables de l'application de la loi : les policiers «ripoux», les gouvernants cyniques ne sont heureusement qu'en très faible proportion, mais, comme un fruit gâté dans un panier, leur effet peut être désastreux sur la société si l'on ne parvient pas à les éliminer rapidement.

Un véritable cancer social

Le cancer est une maladie maligne, un mécanisme pervers qui s'attaque au noyau des cellules et prend le contrôle des fonctions vitales pour reproduire des cellules cancéreuses à la place des cellules saines… Les mafias visent de préférence les centres de pouvoir, d'information et de décision pour prendre le contrôle des rouages de la société; c'est cela qui leur permet de survivre et de se développer.

Les origines des cancers sont multiples et complexes. Elles dépendent à des degrés variables de l'hérédité, du terrain et de facteurs spécifiquement cancérigènes. En ce qui concerne les mafias, leurs origines sont diverses et l'on explique leur développement par l'histoire, par la nature des institutions et par des circonstances particulières.

Les cancers primaires peuvent dégénérer en métastases; certaines mafias, initialement circonscrites au niveau local ou à un milieu réduit, réussissent à s'étendre au-delà de leur domaine d'origine jusqu'à contaminer l'ensemble du corps social.

Dans les deux cas, cancers et syndrome mafieux, on peut dire qu'il s'agit de dérèglements aux formes complexes, évolutives et adaptatives, qui de ce fait sont capables de résister aux traitements traditionnels. Les mafias représentent un véritable cancer social, un cancer de la politique, un cancer de l'économie et une menace pour la sécurité internationale.

Cancer social, le syndrome mafieux tire profit des faiblesses humaines et des tares inhérentes à toute société. Dénués de scrupules, les chefs se mettent en marge de la légalité et leurs organisations prospèrent en exploitant les multiples formes de dérèglements sociaux : la criminalité, la prostitution, la contrebande, les jeux et la drogue, avec laquelle un nouveau pas est franchi dans l'escalade criminelle. Les cibles et les victimes des mafias sont d'abord les pauvres, les exclus, les secteurs les plus vulnérables de la société. À l'autre extrémité de l'éventail social, d'autres cibles, les *golden boys*, les privilégiés de la richesse et les marchands d'illusion font plutôt figure de victimes consentantes.

C'est aussi un cancer de la politique. Je remarque que, dans les régimes à parti unique, les nomenklaturas au pouvoir se comportent le plus souvent comme de véritables mafias en ayant recours aux mêmes procédés pour bénéficier de l'impunité. Les nazis allemands, les fascistes italiens, les communistes soviétiques et leurs émules, les privilégiés du FLN algériens ou les ex-dignitaires du régime de Tito, en sont des exemples caractéristiques. Plus subtilement, le cancer mafieux s'est développé à la faveur des situations acquises après les longues périodes de règne d'un même parti, comme le Parti libéral-démocrate au Japon ou le Parti révolutionnaire institutionnel au Mexique, ou après une succession d'arrangements et de compromis autour des mêmes personnages, comme ce fut le cas en Italie.

Et puis, un peu partout dans le monde, on voit bien comment certaines féodalités exercent *de facto* un pouvoir illicite sur des populations captives : elles utilisent des procédés qui, à bien des égards, sont de même nature que ceux des mafias. Ces féodalités s'organisent autour d'un « parrain » local qui manipule sa clientèle en entretenant des rapports du type protection/rétribution, sous la couverture de la loi du silence. La complicité est plus souvent passive qu'active mais, quand la corruption se développe au point que des affaires graves ne peuvent plus être dissimulées, il est clair qu'on est bien en présence du syndrome mafieux.

Au-delà de l'exemple italien, jles cas de corruption mafieuse dévoilés par l'actualité dans la politique sont hélas tellement nombreux que chacun est en mesure de s'y référer. Les dépenses exigées par les méthodes modernes de la publicité électorale expliquent en grande partie les dérives : la politique coûte trop cher! La démagogie, le populisme, le clientélisme ont toujours existé en démocratie. Je ne veux pas faire d'amalgame et voir des mafias partout, mais on ne peut que constater les similitudes dans les procédés. Et puis, quand les affaires se multiplient, la pression des opinions publiques finit par obliger les gouvernements et les parlements à réagir…

Cancer de l'économie, car la première ressource financière des mafias est le détournement des fonds publics, en commençant par les marchés qui dépendent des administrations locales, les fraudes et les abus de biens sociaux, pour finir par les gigantesques escroqueries aux subventions, comme par exemple celles de la Communauté européenne. Selon certains auteurs, les bénéfices de la drogue ne viendraient qu'en deuxième position dans les ressources des grandes organisations mafieuses. Les bénéfices en argent sale sont considérables, ils se comptent en milliards de dollars. Pour les blanchir et pour les recycler, les mafias ont réussi de longue date à pénétrer le monde des banques et des sociétés financières. Le scandale de la BBCI, la banque islamique tenue en main par un habile escroc pakistanais, a ébranlé la vénérable Banque d'Angleterre à la fin des années quatre-vingt. Dans les scandales du Crédit Lyonnais, on note la présence de mafieux notoires qui ont abusé de la naïveté des plus hauts dirigeants de la banque.

Enfin, le syndrome mafieux constitue une menace pour la sécurité mondiale car c'est un phénomène international qui déborde les frontières des États. J'ai rappelé que le développement des mafias est favorisé par l'absence d'une loi commune, d'un système policier unifié et de moyens de coercition concertés. Je me demande si ce ne sont pas les criminels qui profitent le plus de la mondialisation des économies et de la libre circulation des capitaux, des marchandises et des hommes. Ils ont toujours plusieurs longueurs d'avance sur les honnêtes citoyens et sur les forces de l'ordre soumises aux contraintes légales et réglementaires!

Sous d'autres formes, le syndrome mafieux s'observe aussi dans les «zones grises», ces régions du monde pratiquement hors la loi, parce que soumises au règne des potentats locaux, de seigneurs de la guerre qui s'imposent par la force au mépris des règles communes et des principes du droit. Parmi les nombreux exemples, je citerai ceux du «Sentier lumineux» au Pérou, du «Triangle d'or» entre Birmanie, Thaïlande et Laos, du Liberia, du Sud-Soudan. Plus près de nous l'ex-Yougoslavie avec ses «républiques autoproclamées», ses bandes incontrôlées, ses clans criminels qui occupent des zones exclusives. Plus près encore, certaines banlieues de nos grandes villes qui semblent rivaliser parfois avec celles du tiers-monde, véritables «zones grises» où la police n'ose plus s'aventurer.

Pour aller plus loin dans l'analyse des menaces que les mafias font peser sur la sécurité mondiale, il faudrait reprendre sous cet angle-là l'étude des conflits interétatiques, des guerres civiles, des affrontements ethniques, du terrorisme, des violences provoquées par les extrémistes religieux ou ultranationalistes. Car c'est un fait, les situations conflictuelles, les désordres, les révolutions justifient toutes sortes de trafics, à commencer par les trafics d'armes, et permettent de réaliser d'immenses bénéfices. Comme il faut de l'argent, beaucoup d'argent pour faire la guerre, on ne se soucie guère alors d'en connaître l'origine. Au Liban, en Afghanistan, au Cambodge, en Somalie, l'argent de la drogue a joué un rôle décisif. Partout où il y a des troubles, du désordre incontrôlé, les opportunités sont favorables aux mafias qui connaissent alors des jours prospères.

On peut légitimement se demander si la principale menace pour la sécurité mondiale ne provient pas de l'utilisation frauduleuse des circuits financiers internationaux. L'argent est sans doute le plus essentiel de tous les facteurs stratégiques, et les capitaux circulent aujourd'hui sans délais avec la plus grande facilité. Les parrains de la drogue disposent de ressources supérieures à celles de beaucoup d'États souverains; ils possèdent des banques, des sociétés multinationales; ils sont capables d'acheter la complicité de certains gouvernements qui ont établi chez eux des paradis fiscaux, solution idéale pour le blanchiment et le recyclage des narcodollars. Ils bénéficient trop souvent du silence coupable de l'establishment financier qui accepte de recevoir dans ses comptes anonymes des capitaux d'origine douteuse. Dans la balance des comptes de la Russie, les dizaines de milliards de dollars illégalement expatriés de l'ex-URSS depuis 1989 pèsent bien plus lourd que les prêts qui lui ont été consentis par les gouvernements et par les organismes bancaires occidentaux.

L'histoire reconnaîtra sans doute la responsabilité des démocraties occidentales, à commencer par les États-Unis, dans la déstabilisation de l'ancienne URSS. L'application des pratiques du libéralisme suppose l'existence d'un minimum de culture économique, de garde-fous, de normes et de règles; c'était loin d'être le cas de la société soviétique. Nous avons hypocritement fermé les yeux sur le pillage des biens publics par des apparatchiks sans scrupules, par d'habiles escrocs qui les ont détournés à leur profit et qui les ont mis à l'abri à l'étranger, n'ayant pas confiance dans leurs propres institutions. Cela rappelle certains potentats africains ubuesques, mais les sommes en jeu ne sont pas du même ordre de grandeur. Je me demande parfois si certains *businessmen* avertis, qui estiment qu'en définitive seuls les rapports de force fondés sur l'argent sont décisifs, n'ont pas fait un calcul cynique pour récupérer ces capitaux dans leurs propres circuits.

Je me souviens de la mise en garde prémonitoire du président Eisenhower, dans son discours d'adieu à ses compatriotes en 1960 à l'issue de son second mandat : «méfiez-vous du "complexe militaro-industriel"», La formule est restée et il est piquant qu'elle ait été inventée par un président du parti républicain, qui plus est ancien général! Il savait de quoi il parlait. Depuis lors, ses successeurs ont dû composer avec les puissants lobbies. Après s'être unilatéralement dispensés de se plier aux règles de Bretton Woods en libérant le dollar de ses contraintes en 1971, ils ont mis fin à la législation antitrusts en 1991 pour permettre à leurs entreprises de conquérir le monde. On en voit les effets dans l'industrie aéronautique et dans celle de l'armement, où les objectifs affichés sont de contrôler 80 % des marchés mondiaux. Je crains que certains mécanismes de l'ultralibéralisme ne soient eux aussi des mécanismes pervers portant en germe les révolutions de demain, comme les excès du capitalisme au XIXe siècle ont été à l'origine du socialisme révolutionnaire. Les écarts entre les plus riches et les plus pauvres n'ont cessé de se creuser dans les dernières décennies. Si les élites responsables ne se décident pas à réduire les déséquilibres, il est certain qu'un jour ou l'autre une nouvelle révolte éclatera. Les signes avant-coureurs ne manquent pas.

La trahison des clercs

J'avais avancé dans mon livre, en 1992, l'idée que la seule façon de lutter contre le syndrome mafieux était de «reconstituer les défenses immunitaires de l'organisme social». Cela passait d'abord par l'information du public, par la prise de conscience de la réalité du danger. De ce point de vue j'observe en France des progrès encourageants. Sans connaître certains excès de l'opération *mani pulite* en Italie, l'action des juges permet d'établir, avec exactitude et dans une relative sérénité, la réalité des manœuvres malhonnêtes. Un entraînement fatal a conduit les appareils des partis politiques à fermer les yeux sur des procédés occultes de collecte d'argent devenu indispensable pour mener leurs coûteuses campagnes électorales. La révélation des «affaires» est une mesure de salubrité publique. La première étape est donc bien engagée.

Mais ce n'est pas suffisant pour maîtriser des phénomènes aussi complexes que pernicieux. Seul un retour aux fondements de la démocratie permettra de lutter contre de telles menaces : l'application de la loi, sans privilèges ni amnisties préférentielles, l'équilibre des pouvoirs, en allant plus loin que la séparation classique de Montesquieu entre exécutif, législatif et judiciaire, pour inclure les divers pouvoirs économiques, syndicaux et médiatiques qui caractérisent les sociétés modernes.

Enfin, dans le même ouvrage, je défendais deux principes, celui de la déontologie pour les institutions et de l'éthique pour les personnes. Aussi bien faite soit-elle, la loi ne peut pas tout régler. J'avais montré comment les mafieux font appel aux avocats les plus habiles pour tirer profit de toutes les failles des procédures, afin d'échapper aux sanctions et de poursuivre en toute impunité leurs activités criminelles. Chaque profession, chaque corporation, chaque entreprise est régie par un ensemble de règles déontologiques qui déterminent « ce qui se fait et ce qui ne se fait pas ». Le plus souvent, ces règles sont le résultat de traditions séculaires qui agissent comme un véritable filet de sécurité pour éviter les dérives. L'oubli des règles « prudentielles » qui font partie de la déontologie des banquiers est une des causes des désastres que la profession a connus en France ces dernières années.

S'agissant de l'éthique, j'avais montré que le plus performant des systèmes de sécurité peut être défaillant si le responsable suprême refuse de prendre en temps utile la décision qui s'impose ; que, dans toute collectivité, des dirigeants assument et d'autres fuient leurs propres responsabilités, et qu'à cet égard l'analyse des organisations chargées de la sécurité était particulièrement instructive. J'ai souvent pensé à l'exemple du général de Gaulle. Sachant à quel point la nature humaine est faillible, il a choisi dès juin 1940, en s'identifiant à la France, de se regarder avec les yeux des autres. J'ai été frappé par le fait que, dans ses *Mémoires*, il parle de lui-même à la troisième personne : de Gaulle ne pouvait pas céder à telle pression, accepter tel compromis... Ce fut certainement pour lui un formidable bouclier, une hygiène de vie qui lui permit de mener parfois des politiques ambiguës, de prendre des décisions douloureuses, sans jamais perdre son âme...

Je persiste à croire aujourd'hui à l'efficacité des valeurs de déontologie et d'éthique. Non pas sous la forme de discours moralisateurs qui se réfèrent, sans beaucoup de succès, aux «valeurs» traditionnelles. J'ai montré à quel point j'y suis personnellement attaché, et je ne doute pas que ce livre me vaudra, de ce fait, bien des sarcasmes. Je préfère néanmoins faire appel à un symbole que je crois plus efficace et dont la validité est attestée par l'histoire, celui de *la trahison des clercs.* Dans *L'Ancien Régime et la Révolution*, Tocqueville fait une éclatante démonstration de la responsabilité des élites françaises à l'origine des événements de 1789 et durant le séisme qui a bouleversé la France pour aboutir aux désastres de l'aventure napoléonienne. Julien Benda, et d'autres après lui, ont traité ce thème bien mieux que je ne suis capable de le faire. Mais je pense qu'il demeure d'une très grande actualité. Les affaires qui ont défrayé la chronique depuis une dizaine d'années ont mis en évidence la très grande responsabilité de certains dignitaires qui se sont laissé séduire par les tentations de l'argent, de la publicité, de la démagogie, qui n'ont pas su dire non aux puissants du jour, qui ont accepté de fermer les yeux sur des pratiques anormales, en faisant semblant de croire qu'ils n'étaient pas concernés.

Rien ne me semble plus urgent que cette prise de conscience des obligations qui s'imposent aux élites encore plus qu'aux simples citoyens. Mais personne ne pourra les obliger à changer de comportement. C'est pourquoi je pense tout naturellement aux chefs des grands corps de l'État, aux dirigeants des corporations, à tous ceux qui sont en position de convaincre leurs pairs. Fort heureusement, une majorité de professions n'a jamais cessé de pratiquer ces règles élémentaires d'hygiène sociale et sait traiter discrètement les cas de quelques brebis galeuses avant qu'il ne soit trop tard.

Avant d'accepter de prendre la direction de la DGSE, je m'étais interrogé sur les principes d'éthique et sur les règles déontologiques applicables à un domaine aussi particulier. En janvier 1996, l'Académie des sciences morales et politiques m'a fait l'honneur de m'inviter à traiter ce sujet. Je me suis efforcé de démontrer la nécessité et la légitimité pour un État de recourir à des services secrets afin de garantir sa sécurité et de défendre ses intérêts dans un monde où subsisteront toujours des zones d'ombre et des menaces cachées. J'ai fait la distinction entre la légitimité des fins et celle des moyens. En apportant ici mon témoignage sur les événements que j'ai vécus en 1985, j'espère avoir donné un exemple significatif des dilemmes auxquels conduisent des situations particulièrement critiques.

En tant que simple citoyen, je n'ai pas manqué de m'interroger depuis plusieurs années sur les raisons de la dérive de nos mœurs politiques. J'y vois une confusion des pouvoirs et en premier lieu du pouvoir administratif et du pouvoir politique. Il est tout à fait normal que les grands corps de l'État alimentent la classe politique, que des fonctionnaires qui ont œuvré pour la collectivité nationale sollicitent et obtiennent les suffrages de leurs électeurs. Mais il n'est pas convenable qu'ils cumulent les deux états de député ou de sénateur et de titulaire d'un statut de la fonction publique. Je rêvais d'une proposition de loi qui mettrait fin à cette anomalie, mais j'ai vite réalisé que jamais une assemblée législative composée d'une majorité d'enseignants et d'énarques ne la mettrait à son ordre du jour. C'est pourquoi je verrais plutôt un référendum rédigé en ces termes : « Tout citoyen français élu à la représentation nationale est tenu de démissionner de la fonction publique. Il est créé une caisse de compensation pour régler la situation financière de ceux qui ne seraient pas réélus à la prochaine élection. » Il me semble que c'est en effet au peuple souverain et non à ses représentants qu'il convient de poser une question de cette nature.

3. Renseignements et information

Tout jeune, j'avais été fasciné par les vues prophétiques de Teilhard de Chardin. En faisant une synthèse de l'histoire de l'évolution, il avait mis en évidence l'extraordinaire essor de la vie sur notre planète. La matière vivante a progressivement envahi les eaux, la terre, les airs pour constituer ce qu'il a appelé la «biosphère». Avec l'apparition de l'homme, un nouveau pas de l'évolution aboutit à une nouvelle entité planétaire, la sphère de l'esprit, la «noosphère».

Ce qui n'était encore dans ma jeunesse qu'une séduisante hypothèse est devenu une réalité que j'ai vu prendre forme au fil des années. J'ai dit qu'avant 1939 l'outre-mer n'était accessible que par bateau; les télécommunications à très grande distance n'avaient alors qu'un très faible débit. En moins de quarante ans, la conquête de l'espace a donné aux hommes la possibilité d'élargir leurs horizons, de prendre de la hauteur – au propre comme au figuré. Plus personne aujourd'hui ne s'étonne de recevoir à domicile l'image de la planète telle que les satellites météo la captent à 36 000 kilomètres d'altitude. Par le miracle des relais spatiaux de télévision, des millions d'êtres humains assistent en temps réel aux cérémonies du retour de Hong Kong dans le giron de la Chine. Les informations courent à la vitesse de la lumière, tous les citoyens du monde peuvent dialoguer grâce à Internet, sans intermédiaires. Des millions de connexions quotidiennes tissent ces réseaux immatériels qui constituent la nouvelle sphère planétaire de l'esprit, ce «cyberespace» qui surplombe toutes les frontières. Je connais assez bien les technologies et les organisations complexes permettant de réaliser ces prouesses, et cependant mon enthousiasme demeure entier. Loin d'être blasé, j'y vois la preuve de cette irrésistible pulsion qui pousse l'humanité à se dépasser.

Plus prosaïquement, en raison du développement prodigieux des technologies, l'information est devenue en quelques années le premier de tous les facteurs politiques, stratégiques et économiques du monde moderne. Les Américains ne s'y sont pas trompés qui se sont engagés depuis plusieurs années dans cette voie. Alvin et Heidi Toffler ont eu le mérite de diffuser des concepts que les milieux éclairés avaient déjà abondamment explorés. Leur ouvrage *Guerre et contre-guerre : survivre à l'aube du XXIe siècle*, a popularisé la formule «l'âge de l'information», reprise dès 1992 par le vice-président Al Gore pour dynamiser l'administration, les milieux d'affaires, l'opinion publique et inciter ses concitoyens à se lancer résolument à la conquête de cette nouvelle frontière.

Renseignements et bipolarité

Du temps de la guerre froide, quand les stratégies d'affrontement militaire direct entre l'Est et l'Ouest étaient interdites du fait du blocage nucléaire, le renseignement a figuré au premier rang des stratégies indirectes, les seules qui pouvaient être alors mises en œuvre par les puissances antagonistes pour tenter d'obtenir l'avantage sur leurs adversaires en échappant au risque de déclencher une troisième guerre mondiale. Dans le monde bipolaire, l'objectif principal des services de renseignements occidentaux était le monde soviétique, alors que l'Amérique et l'OTAN représentaient réciproquement les cibles privilégiées des «organes» de Moscou.

Depuis la chute du mur de Berlin, en France comme dans tous les autres pays, on s'interroge sur l'évolution des services spéciaux et sur les nouvelles modalités de leur gestion. Chacun le fait selon ses propres perceptions des menaces qui, dans le nouveau contexte mondial, pèsent sur sa sécurité. Chacun réagit en fonction de ses intérêts, à la mesure des moyens dont il dispose et en conformité avec les traditions de sa propre culture politique, administrative et militaire.

J'ai rappelé, en évoquant mon passage à la DGSE, ce qu'étaient les trois grandes fonctions des services secrets : le renseignement, le contre-espionnage et l'action clandestine. C'est un chapitre particulièrement passionnant de l'histoire des guerres mondiales qui a été illustré par un grand nombre d'ouvrages et de travaux de qualité. Sans atteindre le volume et le niveau de la production des pays anglo-saxons, la bibliographie française est néanmoins suffisamment abondante sur le sujet pour permettre à ceux qui s'intéressent à ces questions de connaître les principes, les techniques, l'organisation des services spéciaux dans les situations conflictuelles. L'histoire de leurs activités pendant la Seconde Guerre mondiale est maintenant bien connue. Ce n'est pas encore le cas pour la guerre froide, mais on sait l'essentiel.

Ainsi les États-Unis ont étroitement intégré le renseignement dans leur stratégie générale de lutte contre l'Empire soviétique. Outre l'objectif militaire permanent d'observation et d'analyse de l'Armée rouge, le renseignement a joué un rôle essentiel, parfois déterminant, dans la conduite politique des crises Est-Ouest. Lors de l'affaire des missiles de Cuba en 1962, le président Kennedy a utilisé les informations secrètes fournies par les photos aériennes et par les moyens d'interception électronique.

Quelques années plus tard, ces mêmes moyens d'observation et de surveillance ont été en quelque sorte officialisés en droit international quand, à la suite du processus d'Helsinki et du dégel des relations Est-Ouest, plusieurs «mesures de confiance» ont fait explicitement référence aux «moyens techniques nationaux» pour la surveillance et pour la vérification réciproques des manœuvres militaires et des accords de désarmement.

Pour les Soviétiques, le renseignement a été dès l'origine un outil privilégié de politique. La tradition russe du temps des tsars a été récupérée par les révolutionnaires bolcheviques qui l'ont systématiquement développée. Parallèlement aux épouvantables pratiques de la police politique, leurs services secrets ont joué sur la scène mondiale un rôle essentiel au profit de l'expansion du marxisme-léninisme et du triomphe de la révolution mondiale. De 1941 à 1945, les réseaux du KGB et du GRU – leur service d'espionnage militaire –, déjà mis en place avant la Seconde Guerre mondiale, ont pu agir en toute impunité aux États-Unis et dans une moindre mesure en Grande Bretagne, en tirant profit de leur statut d'allié contre Hitler, l'ennemi commun. Le pillage de la technologie américaine, dont l'épisode le plus spectaculaire a été le vol des secrets nucléaires de la première bombe atomique, s'est poursuivi pendant plusieurs décennies au profit du complexe militaro-industriel russe. L'Armée rouge a été ainsi en mesure d'égaler, et parfois de surpasser, les performances des armes occidentales les plus sophistiquées.

Parallèlement, les stratégies de contre-espionnage ont opposé les réseaux et les systèmes de renseignements de chacune des deux grandes puissances. Sur le champ de bataille de l'information, une «guerre de l'ombre» a mis en jeu des procédés et des méthodes très complexes : manœuvres de désinformation, d'intoxication et de déception; agents doubles, voire triples; un vaste arsenal de ruses et de tromperies que j'avais commencé à faire étudier quand j'étais à la FEDN dans le cadre d'un programme «information et défense» qui n'a pas été poursuivi par mes successeurs.

Le contre-espionnage des Soviétiques a bénéficié de l'effet d'asymétrie entre les démocraties libérales et leur régime totalitaire et policier : l'URSS était presque impénétrable quand l'Ouest restait ouvert à tous. Les «taupes» soviétiques ont réussi plus facilement à pénétrer les réseaux occidentaux que les services de l'Ouest à surprendre la vigilance des Russes.

Le troisième champ d'activité des services spéciaux est celui des opérations clandestines. La liste des actions secrètes et des opérations invisibles susceptibles d'infléchir le cours des événements ne se limite pas aux opérations des commandos et des « forces spéciales ». Au-delà des actions à caractère militaire on sait que les marxistes, experts en matière de guerre révolutionnaire, n'ont pas eu pour autant l'exclusivité des manœuvres occultes et des tactiques d'influence. Pendant la guerre froide, les États-Unis eux aussi ont été impliqués dans divers coups d'État fomentés ou soutenus par la CIA, comme la chute de Mossadegh en Iran, celle d'Allende au Chili, la protection de plusieurs dictateurs latino-américains peu recommandables ou les tentatives pour renverser Fidel Castro. Comme tous les lecteurs de Graham Greene, j'avais été fasciné par *Un américain bien tranquille*, ce comploteur qui opérait à Saigon au début des années soixante. Mais je ne savais pas alors que c'était le portrait à peine camouflé d'un authentique agent de la CIA, le colonel Landsdale, celui-là même qui avait réussi à vaincre la révolte communiste aux Philippines quelques années plus tôt.

Les activités des services secrets pendant la période de la guerre froide ne se sont évidemment pas réduites à un duel américano-soviétique en Europe et en Extrême-Orient. Les services secrets ont été très actifs dans les conflits dits périphériques, à commencer par ceux du Vietnam et de l'Afghanistan. En outre, beaucoup d'autres acteurs, à l'Est comme à l'Ouest, alliés ou clients respectifs de chacune des superpuissances, ont aussi joué leurs rôles dans la guerre du renseignement sur divers théâtres d'affrontement, principaux et secondaires. Les spécialistes allemands de la Russie, qui avaient opéré au profit de la Wehrmacht, ont été récupérés dès 1945 par les Américains pour former l'ossature du futur service secret de la République fédérale, le BND. Comme tous les militaires français, même après le retrait partiel de l'OTAN en 1965, j'ai participé à l'entreprise de défense commune contre les armées soviétiques en fournissant à l'occasion des renseignements sur leurs forces navales.

Je veux mentionner la position particulière des Britanniques. Leurs « relations spéciales » avec les États-Unis tiennent notamment aux secrets qu'ils ont partagés avec les Américains pendant la Seconde Guerre mondiale. Dans les domaines les plus confidentiels comme l'interception de signaux électroniques et le déchiffrement des communications, l'agence britannique spécialisée, le Government Communications Headquarters (GCHQ), n'a cessé de collaborer très étroitement avec son homologue américaine, la National Security Agency (NSA). Je l'ai personnellement constaté à plusieurs occasions. Cette profonde connivence entre Londres et Washington ne se limite pas au partage des secrets nucléaires. Elle se concrétise encore plus dans le partage des savoir-faire et des valeurs qui caractérisent la «communauté anglo-saxonne du renseignement».

C'est sans doute au Moyen-Orient, avec l'exemple d'Israël, qu'on trouve l'illustration la plus spectaculaire du rôle du renseignement dans la politique de sécurité et de relations étrangères d'un pays. Depuis sa création, l'État israélien a été confronté à une menace vitale; entouré d'ennemis acharnés à sa perte, il a connu toutes les formes de menaces militaires et terroristes. Quand la survie de la nation est en jeu, les moyens de la guerre secrète interviennent alors dans toutes les stratégies, politiques et militaires, directes et indirectes.

Les années de la guerre froide ont été une incessante course aux armements. Les révolutions technologiques et les progrès réalisés dans le domaine militaire ont très largement bénéficié aux moyens techniques du renseignement. Électronique de défense, aérospatiale, marine, armements terrestres, télécommunications… pendant plusieurs décennies les besoins militaires ont représenté la principale incitation au développement des technologies avancées. J'ai mentionné les retombées de «l'initiative de Défense stratégique» du président Reagan, qui a été un des moteurs de la révolution de l'information. Elles ont bénéficié aux outils spécifiques de recherche du renseignement – l'observation aérienne, l'imagerie spatiale et, surtout, les interceptions électroniques – et, au-delà des moyens de recherche proprement dits, aux méthodes de traitement et d'exploitation des informations, où l'on a assisté à une véritable révolution. J'ai déjà rappelé comment les forces armées américaines ont fait une éclatante démonstration du système

«C3 i» dans la guerre du Golfe de 1991, pour réaliser l'intégration en temps réel de toutes les informations nécessaires à la conduite des opérations militaires. C'est une des raisons pour lesquelles je crois à l'intérêt des études sur «l'information élaborée» dont je parlerai en évoquant mes activités à l'université de Marne-la-Vallée.

Les nouvelles priorités américaines

Les États-Unis ont su, très rapidement, tirer les conséquences de la dissolution de l'Empire soviétique en 1991 pour redéfinir les buts, les objectifs et les moyens de leur politique générale. J'ai choisi de les résumer en quelques phrases :

— plus jamais une autre superpuissance ne doit être en mesure d'exercer une menace vitale analogue à celle que les armes nucléaires soviétiques ont fait peser pendant plusieurs décennies sur le territoire des États-Unis;

— plus jamais l'Amérique ne doit être entraînée contre son gré dans un conflit mondial, comme ce fut le cas, par la faute des Européens, dans les deux grandes guerres du XXe siècle;

— le multilatéralisme n'est plus acceptable; l'ONU et les autres organisations supranationales ne doivent plus échapper au contrôle américain; elles ne sauraient imposer aux États-Unis des décisions contraires à leurs intérêts nationaux;

— le modèle de société fondé sur le marché, la libre entreprise, la mondialisation et la déréglementation, implique la défense et la promotion des intérêts économiques américains publics et privés partout dans le monde. La priorité stratégique est passée du militaire à l'économique.

Les réformes et les réorganisations des services de renseignements américains s'inscrivent dans ces nouvelles priorités politiques et de sécurité. Elles font l'objet de débats publics et d'une abondante documentation qui mettent ces problèmes à la portée de tous les citoyens désireux de s'y intéresser. La traditionnelle lutte d'influence entre l'exécutif et le Congrès imprime une forte connotation politique aux discussions et, dans le climat général de réduction des dépenses de défense, les rivalités bureaucratiques et budgétaires ne contribuent pas à la sérénité des débats. Mais personne ne méconnaît l'importance du renseignement, d'autant plus qu'il s'inscrit dans le contexte plus large de « l'info-war ».

Le renseignement militaire américain a deux objectifs prioritaires au service des impératifs majeurs de la sécurité. Le premier est, sur le mode défensif, la lutte contre la prolifération des systèmes de destruction massive, armes nucléaires, missiles à grande portée et armes chimiques. Le second vise à conforter l'actuelle suprématie militaire des États-Unis qui est, conformément à une longue tradition, fondée sur la « high-tech ». Les Américains estiment que, de nos jours, la forme la plus moderne de l'avantage compétitif est la maîtrise de la complexité appliquée à l'ensemble des facteurs intervenant dans la guerre de l'information. Les études menées par leurs états-majors et par leurs centres de recherche ont démontré que c'est dans le cadre de cette forme particulière de la guerre que la haute technologie peut fournir les atouts les plus décisifs. Les applications de « l'info-war » vont de la prévention des crises à la domination tactique sur les champs de bataille, en passant par la guerre psychologique et les moyens électroniques du renseignement. Elles doivent permettre d'obtenir l'effet de surprise et, réciproquement, d'en priver l'adversaire.

J'ai déjà montré comment les États-Unis ont su tirer un profit maximal du prestige que leur ont valu leurs victoires militaires. Premier producteur et premier exportateur mondial d'armements, ils disposent, en plus des services de renseignements étatiques et des réseaux diplomatiques, des moyens des grandes firmes du complexe militaro-industriel qui ne sont pas indifférentes aux aspects politiques, mais qui s'intéressent plus encore aux retombées économiques.

Car la priorité reconnue des intérêts financiers, industriels et commerciaux au niveau gouvernemental a pour effet de mettre l'accent sur le renseignement économique. Dès 1992, le vice-président Al Gore a mobilisé l'ensemble des forces vives du pays, dans les milieux d'affaires comme au gouvernement, pour que l'Amérique prenne la tête de la compétition mondiale. En quelques années, une nouvelle culture s'est développée aux États-Unis. Elle se manifeste par le foisonnement des études et des applications commerciales. Dès 1992, j'ai été en relation avec Robert Steele, le fondateur de la société Open Sources Solutions (OSS), destinée à promouvoir la recherche, le traitement et l'exploitation des «sources ouvertes» – quitte à remettre en cause le monopole et le budget de la CIA. J'ai assisté à la prolifération des organismes privés de renseignements qui se déploient maintenant à l'échelle planétaire. Et à l'implication croissante du gouvernement qui a mis en place à Washington de nouvelles structures, comme le Conseil national de sécurité économique, ou comme cette *war room* du département du Commerce, véritable centre opérationnel calqué sur ceux des militaires, où l'on suit en temps réel les principaux contrats commerciaux à l'étranger.

En réalité «l'info-war» déborde les champs militaire et économique : c'est aussi un moyen privilégié de l'influence politique et culturelle. Mme Albright n'a-t-elle pas déclaré que CNN était l'un des meilleurs atouts de la diplomatie des États-Unis? C'est pour ces raisons que la stratégie américaine du renseignement est encore mieux coordonnée qu'auparavant. Entre la classique Communauté du renseignement dirigée par le directeur de la CIA et le Conseil national de sécurité, un nouveau conseil présidentiel, le PFIAB, a été institué pour en améliorer l'efficacité. Les services officiels de l'État, qui n'ont plus l'exclusivité de la collecte et l'exploitation du renseignement, tirent profit du dynamisme de tous les autres réseaux politiques, universitaires, médiatiques et commerciaux, qui font le rayonnement d'une très grande puissance. Les méthodes de la publicité et celles du lobbying, les artifices juridiques mis en œuvre par des légions d'avocats rompus aux subtilités de la procédure, les brèches ouvertes par la «dérégulation», sont autant de moyens supplémentaires au service de «l'info-war».

Quand on observe dans cette optique la politique américaine vis-à-vis de l'OTAN, on en comprend mieux les motivations. Depuis sa création, l'organisation a représenté de fait une remarquable machine de contrôle et d'influence. Le prestige que les États-Unis ont acquis, à juste titre, en jouant très efficacement leur rôle de protecteurs de l'Europe contre la menace soviétique, leur a valu la reconnaissance de tous les Européens. Mais certains d'entre eux constituent une clientèle captive et docile, toujours prête à défendre les intérêts américains et à payer les dividendes d'une protection qui ne représente plus aujourd'hui un impératif vital. Les États-Unis attachent beaucoup de prix à étendre l'OTAN aux pays de l'Europe centrale et de l'Est parce qu'ils détiennent là une machinerie qui a fait ses preuves pendant plusieurs décennies.

La fonction de contre-espionnage connaît paradoxalement un regain d'intérêt aux États-Unis. En insistant sur les enjeux de la compétition économique, on ne cesse de mettre en garde les citoyens américains contre l'espionnage étranger. La découverte d'agents russes à la CIA – comme l'affaire Ames, cet officier de la CIA qui trahissait son pays pour de l'argent depuis les années quatre-vingt et qui n'a été démasqué qu'en 1994 – a été largement médiatisée. En dévoilant les manœuvres déloyales des «mauvais alliés» qui se livreraient à l'espionnage économique à l'encontre des intérêts américains, on fait appel au chauvinisme le plus primaire; d'abord ce fut le *Japan bashing*, le matraquage antijaponais; ensuite, dans les années 1994 à 1996, la France a été la cible privilégiée de ce genre d'attaques.

La contre-offensive se poursuit et se développe sur le théâtre de la «guerre juridique». En octobre 1996, le président Clinton a promulgué une nouvelle loi qui prévoit des sanctions très lourdes contre toute tentative de recherche de renseignement sur les entreprises américaines, même si cela se produit en dehors du territoire des États-Unis.

La fin de la guerre froide n'a pas non plus mis un terme aux opérations clandestines, mais il semble que la CIA, fragilisée par les attaques dont elle a été l'objet depuis plus de vingt ans à l'occasion de nombreuses «affaires», n'est plus en mesure de mener des *covert actions* en toute confidentialité. Le contrôle des commissions spécialisées du Congrès est tellement strict qu'on prétend même que plusieurs opérations récentes, sous-traitées à des organisations privées, ont été menées en dehors de la CIA. Du Kurdistan à la Croatie, des Talibans de Kaboul aux moudjahidin de Bosnie, des interventions contre les cartels sud-américains de la drogue au soutien apporté aux Tutsis du Rwanda, la liste est longue des actions clandestines où l'on trouve régulièrement la trace de citoyens américains particulièrement discrets et actifs. Périodiquement, par déformation professionnelle, je remarque dans la presse quelque discrète dépêche d'agence ou quelque reportage d'un envoyé spécial, qui mentionnent de telles activités. J'y vois la preuve d'une «privatisation» des activités clandestines qui me paraît lourde de dangers pour l'avenir.

Personne ne condamne le principe des activités secrètes des services de renseignements et des forces de l'ordre quand il s'agit de lutter contre des menaces telles que le terrorisme international, les trafics de stupéfiants, la criminalité transfrontalière, les mafias ou le blanchiment de l'argent sale. Les États-Unis ont été les premiers à s'inquiéter de ces menaces qui ne datent pas d'aujourd'hui et qui se traduisent par l'imbrication des domaines de responsabilité respectifs des services de sécurité intérieure et extérieure. Le FBI a depuis longtemps ses propres représentants dans les ambassades américaines à l'étranger; la CIA et les armées ont à maintes reprises participé à la lutte contre les trafics de drogue aux côtés des policiers et des douaniers.

Il faut observer attentivement ce qui se passe aux États-Unis parce qu'ils nous présentent une première application de ce qu'on pourrait appeler ironiquement le «nouvel âge» du renseignement. La description que j'en ai faite est trop sommaire pour rendre compte de toutes les nuances qu'il faudrait apporter à ce tableau. Mais elle permet néanmoins de prendre conscience des défis imposés aux autres nations et des stratégies qu'elles doivent mettre en œuvre en tirant profit elles aussi des opportunités offertes par les technologies de l'ère de l'information.

Évolutions des moyens et des structures du renseignement

En reprenant l'apologue des «deux mondes» tels que je les ai définis, je constate que dans le premier, le monde des États, les services de renseignements ont toujours un rôle éminent à jouer. Il leur appartient de fournir aux gouvernants des avertissements, des indices d'alerte, des informations objectives sur la montée des menaces internationales. La prévention n'est pas une fonction spectaculaire car les opinions publiques, conditionnées par les médias, portent plus d'intérêt aux violences et aux guerres qui se produisent qu'à celles qu'on a su éviter. Mais les fonctions de vigilance, de surveillance et d'alarme constituent la plus évidente des légitimations des services secrets. Pour la première fois en France, le Livre blanc sur la Défense de 1994 l'a reconnu officiellement.

Dans le second monde, les enjeux sont plus ambigus; les préoccupations de sécurité extérieure et intérieure y sont très étroitement imbriquées dans le contexte de la mondialisation, de la globalisation et de la déréglementation des économies, où il devient de plus en plus difficile de distinguer les intérêts nationaux des intérêts catégoriels. Les États perdent progressivement leurs attributs de souveraineté au profit d'entités nouvelles, qui vont des communautés supranationales comme l'Union européenne aux collectivités régionales, ou des entreprises multinationales aux puissantes corporations.

Le second monde constitue donc une cible privilégiée pour tous les organismes de renseignements nationaux, services spéciaux et services de police, qui doivent coopérer plus étroitement que jamais entre eux et avec d'autres acteurs civils et militaires de l'administration et de la société, pour relever ces nouveaux défis. Et l'extension de cette coopération à l'échelle internationale pose beaucoup de problèmes d'ordre politique, juridique et professionnel.

Politiquement on constate que l'égoïsme national demeure la règle. Je l'ai déjà signalé à propos du terrorisme, de la drogue et des trafics d'armes. Juridiquement, des organismes tels qu'Interpol ou Europol sont bridés par des législations nationales incompatibles qui les empêchent d'être pleinement efficaces. Enfin, je l'ai dit, le pouvoir corrupteur des grandes organisations à caractère mafieux, capables de saper l'action des forces de l'ordre et de paralyser la justice, a été multiplié en quelques années à la mesure de leur puissance financière, supérieure à celle de beaucoup d'États. Les plus habiles d'entre elles ont délaissé les activités traditionnelles du jeu, de la prostitution ou de la drogue, pour s'investir dans celles, encore plus lucratives, de la haute finance internationale.

Professionnellement, les services de renseignements, confrontés aux problèmes des «deux mondes» et soumis à toutes les incertitudes politiques et juridiques, doivent en outre relever bien d'autres défis d'ordre fonctionnel et technique, quand on leur demande de mettre en commun leurs moyens d'investigation ou de partager des informations très sensibles. De ce point vue, j'estime que rien ne sera possible tant que les gouvernements n'auront pas précisé leurs stratégies, dans le cadre de politiques étrangères et de sécurité clairement définies et qu'ils ne se seront pas donné les moyens de les appliquer.

Avoir les moyens de sa stratégie, ou définir sa stratégie en fonction de ses moyens, ces préceptes élémentaires et de bon sens sont rarement respectés : trop de politiciens sont plus attachés aux discours et aux promesses électorales gratuites qu'à l'application effective de leurs engagements. On peut spéculer, dans l'absolu, sur les orientations du renseignement, encore faut-il tenir compte des capacités réellement disponibles. Elles sont de deux ordres : d'une part des *moyens* humains et techniques affectés à la recherche, à l'analyse et à l'évaluation des informations recueillies; d'autre part, des *organisations* propres à les exploiter efficacement et dans un cadre adéquat.

Je ne reprendrai pas ici point par point la description des moyens, cela déborderait trop le cadre de ces souvenirs. Je me contenterai d'indiquer à titre d'exemple un aspect peu connu, celui de la cryptographie. Le principe repose sur un besoin vieux comme le monde : être capable de déchiffrer tous les codes étrangers et, simultanément, de disposer soi-même de systèmes inviolables. Les États-Unis ont longtemps bénéficié de cet atout, mais les évolutions récentes dans ce domaine risquent de mettre en cause leur monopole. La bataille pour les normes cryptographiques a dépassé le champ des spécialistes du renseignement pour intéresser le monde de la banque, du commerce électronique, des réseaux mondiaux d'échanges de données. C'est un des principaux enjeux de notre temps.

Je n'évoquerai pas non plus dans le détail les questions relatives aux schémas d'organisation du renseignement au niveau gouvernemental. Je me contenterai de rappeler qu'elles sont étroitement liées aux traditions nationales.

La culture du renseignement

En matière de services secrets et de renseignements, chaque pays représente un cas particulier, chacun a sa propre «culture du renseignement» qui résulte du poids de l'histoire, des institutions politiques, des traditions et des comportements spécifiques à son peuple. Les Britanniques offrent, à mon sens, l'exemple le plus remarquable d'un gouvernement capable de concilier les exigences du secret avec le fonctionnement d'une authentique démocratie. Les Américains étalent plus volontiers sur la place publique leurs débats institutionnels et les rapports conflictuels entre leurs services; mais ils savent être beaucoup plus discrets quand il s'agit de défendre et de promouvoir leurs intérêts majeurs. Pour les Russes, les «organes» ont toujours joué un rôle important dans les institutions et l'espionnite est une vieille tradition. Pour les Asiatiques, les activités secrètes font tout naturellement partie des méthodes de la politique et de la stratégie. Les plus anciens textes fondateurs de la civilisation chinoise intègrent les espions et le secret parmi les facteurs essentiels de l'art de la guerre. On trouve des traces analogues dans les traditions de l'Inde. Quant au Japon, il avait su, bien avant l'ère Meiji, fonder son développement sur l'observation attentive de la

Chine; et chacun sait que, pour entrer dans la modernité au XIXe siècle, il a systématiquement copié les Occidentaux. Avant 1942, il avait fait du renseignement un élément central de sa stratégie de puissance; après la Seconde Guerre mondiale, il l'a mis au service de sa stratégie économique.

La France occupe une place particulière. La culture du renseignement des classes dirigeantes et de l'opinion publique y est notablement déficiente; c'est la conséquence des vicissitudes de l'histoire contemporaine et la traduction de certains traits spécifiques de la société française. Une de nos particularités est l'absence de toute référence au renseignement dans nos universités et le désintérêt de nos chercheurs pour ce sujet.

En France, les premiers services structurés, apparus après la défaite de 1870, sont des services militaires orientés vers le danger allemand. Quelques années plus tard, symbole des divisions entre la droite et la gauche, entre les conservateurs et les libéraux, entre l'armée et les civils, l'affaire Dreyfus contribue à ternir considérablement leur image; son impact demeure encore sensible aujourd'hui.

Depuis les années vingt, l'existence d'un puissant parti communiste inféodé à Moscou a profondément marqué la politique et la société françaises. Ce facteur, trop souvent occulté, a eu une importance majeure dans les rapports que les gouvernements ont entretenus pendant plus de soixante-dix ans avec leurs services de renseignements, tant intérieurs qu'extérieurs.

Mais, plus que toute autre raison, les conséquences de la défaite de 1940 ont profondément affecté le statut et les performances de nos services. L'humiliation de l'Occupation, la coupure entre Vichy et Londres, la politisation de la Résistance ont dramatiquement exacerbé les «querelles gauloises». Du fait de notre absence aux côtés des Anglo-Américains dans la conduite de la guerre, aucun homme d'État, aucun général français, pas même le général de Gaulle, n'a participé à leurs décisions stratégiques. Aucun n'a été admis dans le club restreint des initiés mis au courant des performances décisives du renseignement entre 1940 et 1945.

Après 1945, le régime des partis et les guerres de décolonisation ont provoqué de graves dysfonctionnements. Le putsch de 1962 en Algérie, l'OAS, les complots, l'affaire Ben Barka ont conduit le Général à stigmatiser le caractère «vulgaire et subalterne» des services. Quant à notre politique vis-à-vis de l'OTAN, elle ne nous a pas permis d'être pleinement associés aux développements techniques les plus avancés des Anglo-Saxons, ni de partager leurs secrets.

Les handicaps du renseignement français s'expliquent aussi par les particularités de notre peuple et de notre société, par nos préférences nationales, nos croyances, nos comportements. Pourquoi les Français pratiquent-ils plus que d'autres la rétention de l'information à titre personnel au lieu de la partager au profit de l'administration, du service ou de l'entreprise auquel ils appartiennent?

En priorité, parce que nous sommes prisonniers du modèle dit «cartésien» et des hiérarchies pyramidales, qui sont l'antithèse des modèles en réseaux et des hiérarchies de responsabilité. Ensuite, parce que la primauté de l'administration traduit le fait que l'État jacobin est au centre de tout le système. Mais d'autres traits nous sont spécifiques :

— l'individualisme exacerbé : la «culture du concours» aggrave la rétention de l'information à titre personnel, l'incapacité à la partager, à la mettre en commun;

— l'arrogance, le culte de la supériorité intellectuelle, du brio, du prestige des diplômes et des «grands corps» qui monopolisent le pouvoir;

— les réticences à l'ouverture, à l'accueil, à l'écoute des idées différentes sont aggravées par l'esprit de chapelle et par le vice national : l'esprit de clan;

— la priorité à la théorisation, aux idées abstraites peut aller jusqu'au refus d'admettre les faits, les réalités (ainsi le refus d'admettre, en mai 1940, que les chars allemands étaient dans les Ardennes);

— les réticences à tirer la leçon des expériences, à étudier les causes des échecs;

— les mauvaises gestions du secret : naïvetés (voir les audits du Crédit lyonnais), indiscrétions, indiscipline, bavardages ; croyance excessive dans les vertus du « tampon secret » pour garantir la protection des informations...

Au-delà des aspects qui retiennent prioritairement l'attention, à savoir l'espionnage et le contre-espionnage, le public ignore que l'intelligence économique couvre un domaine bien plus large, celui du bon usage de l'information au service de l'économie.

Néanmoins, depuis le début des années quatre-vingt-dix, j'observe en France plusieurs évolutions positives. Pour ce qui est du renseignement militaire, les leçons de la guerre du Golfe ont incité le ministère de la Défense et l'état-major des armées à lui donner une nouvelle impulsion. La création de la Direction du renseignement militaire, la DRM, dotée d'importants moyens techniques et humains, et celle du Commandement des forces spéciales distinct du service « Action » de la DGSE, représentent une évolution sans précédent. D'ailleurs les crises de l'après-guerre froide dans lesquelles nous avons été impliqués ont fourni l'occasion de démontrer aux responsables politiques et militaires l'utilité de ces fonctions. En 1994, la publication du Livre blanc sur la Défense est venue apporter la caution d'une analyse globale des problèmes de sécurité dans le nouvel environnement international : le renseignement y est explicitement mentionné comme étant, en particulier, un élément décisif de toute politique de prévention.

L'autre évolution positive concerne le domaine de l'économie. Les travaux de la commission présidée par Henri Martre au Commissariat général au Plan, publiés en 1994, ont diffusé le concept d'intelligence économique. Par comparaison avec l'étranger, ils ont mis en évidence les carences et les retards français dans l'exploitation efficace des ressources de l'information à une époque où la compétition économique devenue mondiale prend la forme d'une véritable « guerre économique ».

Depuis lors, le gouvernement, les administrations, les entreprises et même l'Université se mobilisent pour mettre en place des structures et des moyens comparables à ceux de nos compétiteurs. Les initiatives privées se multiplient sous la forme d'associations, de groupements d'intérêt économique, de consultants et de prestataires de services qui interviennent sur ce nouveau marché. C'est pour moi l'occasion de constater que les principaux obstacles rencontrés sont bien d'ordre culturel. Les causes historiques et sociologiques de ces handicaps sont analogues à celles que j'ai rappelées pour le renseignement militaire et gouvernemental. L'opinion publique française continue à assimiler l'intelligence économique à des activités clandestines. Elle méconnaît les réalités de ce que les Anglo-Saxons appellent «intelligence». Pour ma part, je ne suis pas mécontent de voir ce mot réapparaître dans cette acception car il témoigne à mon sens d'une prise de conscience de phénomènes que nous avons trop longtemps ignorés.

C'est pour les mêmes raisons que je m'emploie à en introduire l'étude à l'Université.

Le renseignement à l'Université

J'avais abordé dans *Les Mafias contre la démocratie* l'étude des relations entre information et sécurité. Les spécialistes de la sécurité industrielle, de la sécurité des transports, de la lutte contre les sinistres accidentels et les dangers de la nature, ont jeté les bases d'une véritable science de la sécurité. Ils savent qu'à la séquence universelle prévention-accident-intervention-retour d'expérience correspond une séquence parallèle d'informations successives : détection initiale, discrimination, localisation, classification, identification, transmission, filtrage, affichage et présentation au décideur.

J'ai montré que les deux cycles sont indissociables et que le rapprochement entre sécurité et information est particulièrement fécond. Mon passé de marin m'a appris que le «retour d'expérience» permet de faire progresser la sécurité dans la mesure où l'on tient compte des leçons apprises au contact des accidents précédents. Cela se traduit, au niveau de l'information, par l'enregistrement et l'archivage des données utiles, ce qui permet de diffuser la connaissance, le savoir accumulé; et par la suite d'aménager les mesures de prévention et d'intervention, dans un processus d'amélioration continue de la sécurité. On retrouve ici la notion moderne de «banques de données» et de «banques de connaissances» que j'évoquerai plus loin.

Je me suis rappelé mon expérience de l'étude des tactiques et des stratégies navales pour analyser les relations entre l'information et l'action dans le cas des «risques provoqués», c'est-à-dire des situations conflictuelles. Ce sont des problèmes analogues à ceux rencontrés entre les services de renseignements et les autorités politiques ou militaires. J'avais mis en évidence, à côté des facteurs techniques et d'organisation, l'importance du facteur humain.

J'ai été très heureux de répondre à l'invitation qui m'a été faite, en 1993, de participer à l'enseignement et aux travaux de l'université de Marne-la-Vallée où venait d'être créé un DESS intitulé «information-sécurité». En dehors de quelques grandes écoles d'ingénieurs, l'étude de ces questions avait été jusqu'alors négligée par l'enseignement supérieur français. C'était une innovation qui allait dans le sens de mes préoccupations.

Ce DESS s'adresse à des étudiants qui sont en majorité des professionnels venus de différents horizons et désireux de se perfectionner. Quant aux enseignants, à côté de plusieurs professeurs d'université, on trouve des professeurs associés de diverses origines. Cela donne à cette formation son caractère original, pluridisciplinaire et enrichissant.

En 1996 l'université a créé un deuxième DESS, plus spécialement voué à l'étude des «outils» de l'intelligence économique, c'est-à-dire à des applications dans le monde de l'industrie, du commerce et des affaires. C'est une des retombées des recherches conduites par ailleurs sur «l'information élaborée».

C'est aussi à Marne-la-Vallée que j'ai appris à connaître les travaux sur ce sujet nouveau pour moi. Sous l'impulsion de plusieurs pionniers comme les professeurs Henri Dou de l'université de Marseille, Clément Paoli du Centre de documentation de l'armement, Bernard Doucet de l'université Paul-Sabatier de Toulouse, et de quelques autres spécialistes de la documentation, un réseau de chercheurs s'est créé pour approfondir les techniques nouvelles de traitement statistique de l'information. Parallèlement aux travaux qui se sont beaucoup développés aux États-Unis, ils ont apporté des solutions nouvelles, en particulier par le biais d'approches «sémantiques» permettant de traiter des informations autres que celles déjà structurées dans des «banques de données».

Tous les deux ans ces chercheurs se réunissent en congrès pour faire le point de leurs travaux sur les techniques les plus avancées des réseaux, des logiciels, de l'informatique opérationnelle. En 1997 ils ont recueilli un nombre élevé de communications, ce qui prouve l'intérêt des jeunes chercheurs pour ces matières. Le concept d'information élaborée me paraît être particulièrement porteur d'avenir. L'information brute nous envahit tous les jours un peu plus, au point de nous submerger; il faut donc savoir en extraire l'essentiel en fonction des véritables besoins. Les banques de données ne sont en quelque sorte que des dictionnaires. Dans chaque domaine d'activité, pour chaque problème spécifique, l'information «utile» est celle qui résulte d'un traitement, d'une évaluation par des spécialistes et par des responsables. J'ai retrouvé là les problèmes classiques du renseignement, la nécessité de constituer les «banques de connaissances», des encyclopédies parfaitement à jour du savoir accumulé. Pour moi l'essentiel, c'est bien la connaissance, le contenu plus que le contenant, la signification des informations plus que les méthodes d'acquisition et de transmission.

J'ai eu le privilège de rencontrer le professeur Jacques Émile Dubois qui a une longue expérience du sujet pour avoir mis sur pied une organisation internationale d'échange de données scientifiques appelée CODATA. Ensemble nous avons créé en

1994 une structure dans le cadre de l'université de Marne-la-Vallée afin de regrouper plusieurs activités de recherche, et nous l'avons nommée Centre d'études scientifiques de Défense.

J'ai profité de l'existence de cette structure et de l'accueil qu'ont bien voulu me réserver le président de l'université et plusieurs professeurs, pour lancer une autre idée qui me tenait à cœur depuis longtemps, celle de promouvoir des études sur le renseignement dans l'université française. C'est ainsi que j'ai créé un séminaire de recherche de troisième cycle sur «la culture française du renseignement». Ce n'est qu'une première étape de sensibilisation et d'incitation, un appel à la communauté universitaire, et de la recherche pour qu'elle se mobilise en vue de rivaliser avec ses homologues étrangers qui ont déjà fourni de très nombreux travaux de qualité sur ce sujet.

Pourquoi enseigner le renseignement en milieu universitaire? Dès 1995 j'avais signalé notre retard par rapport aux universités anglo-saxonnes. Ce retard n'a fait que s'aggraver depuis lors, ne serait-ce qu'en raison des initiatives publiques et privées que les États-Unis ont multipliées dans «l'info-war». En fait les besoins sont très nombreux : élever le niveau de connaissance de tous les acteurs, capitaliser les expériences passées, aborder le renseignement à l'aide des méthodologies de la recherche universitaire dégagées des enjeux idéologiques, institutionnels ou politiques et des intérêts catégoriels, créer un vivier de vocations et, enfin, former de futurs protagonistes qui soient parfaitement avertis de ces questions.

Pourquoi une approche pluridisciplinaire? Je l'ai justifiée dans l'exposé des motifs initiaux de 1995 en montrant que le sujet intéresse simultanément plusieurs disciplines universitaires, tant dans les sciences humaines que dans les sciences et les techniques de l'ingénieur. En attendant de pouvoir constituer de véritables groupes de travail interdisciplinaires, j'ai donc délibérément choisi de faire intervenir dans le séminaire des personnalités venues d'horizons très divers, au risque d'encourir le reproche d'avoir survolé les questions plutôt que d'avoir fait un véritable travail de recherche.

Ce séminaire a déjà deux ans. Grâce à la FED, successeur de la FEDN, j'ai pu faire éditer en mai 1997 les actes de la première année sous le titre *Approches françaises du renseignement. Y a-t-il une culture française?*. Une troisième année commencera à la rentrée universitaire d'octobre 1997.

Mon objectif est analogue à celui qu'avaient visé, dans les années soixante-dix, les promoteurs des premiers enseignements universitaires sur la Défense dans nos facultés de droit, de sciences politiques et d'histoire. J'ai l'ambition de faire en sorte qu'il en soit de même dans quelques années pour le renseignement. Quand un nombre suffisant de professeurs et d'étudiants auront choisi de prendre le relais de ce séminaire initial, nous pourrons, par exemple, rétablir des vérités que les étrangers – qui se sont intéressés à notre histoire – ont passées sous silence. À force de s'appesantir sur nos défaites sans rappeler nos succès, ils contribuent à dévaloriser l'image de la France dans le monde savant et dans les opinions publiques. Or, nous avons aussi beaucoup d'atouts et nous sommes capables, dans ce domaine comme dans beaucoup d'autres, de reconquérir des positions de premier plan, si nous acceptons de prendre en compte les leçons de notre histoire. Si nous voulons bien les analyser sans être paralysés par cette forme de «loi du silence» qui interdit d'accéder aux archives secrètes avant un délai de soixante ans, sous prétexte de ne pas ternir l'image de quelques hommes politiques ou de ne pas remettre en cause certaines légendes bien établies.

Une véritable révolution culturelle

Le renseignement est au cœur de la véritable révolution culturelle qui secoue le monde, un monde en transition entre les pseudo-équilibres de la bipolarité et les structures, aux contours encore incertains, qui prévaudront au XXIe siècle.

Forts du prestige de leur victoire contre l'Empire soviétique, les États-Unis mènent avec un exceptionnel dynamisme une politique qui vise à conforter leur situation hégémonique. Leurs stratégies du renseignement s'inscrivent dans cette perspective. Pour valoriser un héritage déjà fort riche en hommes, en moyens techniques et en savoir-faire, ils tirent un profit maximal des nouvelles technologies de l'information et de toutes les opportunités offertes dans les domaines où ils sont en position dominante. En raison de leur puissance et de leur vitalité, ils sont sans doute à même, mieux que toute autre nation, de conjurer les dangers liés à l'existence du «second monde», mais, s'ils le font, ce sera dans un cadre qui ressemblera plus à une sorte de *pax americana* qu'à une société de nations partenaires, égales en droits et en devoirs.

Car en dehors des États-Unis, les autres États ont perdu, à des degrés divers, une part de leurs attributs de souveraineté au profit d'autres structures, soit supranationales, comme l'Union européenne, soit infranationales, comme les autorités régionales, soit transnationales, comme beaucoup de celles qui constituent le «second monde». J'estime que le renseignement doit rester, au même titre que la justice, la défense et la sécurité, une attribution exclusive de l'État de droit. Une coopération internationale entre les services spécialisés des différentes nations s'impose, mais elle ne doit pas pour autant remettre en cause leur vocation essentielle qui est d'être, avant tout, au service de leur propre pays. En dépit des excès qui ont été trop souvent commis au nom de la «raison d'État» et du «secret d'État», l'existence de services spéciaux demeure parfaitement justifiée dès lors qu'il y aura toujours du «non-dit», des réalités cachées, des activités secrètes pouvant être dangereuses pour la paix, pour la sécurité des peuples et la stabilité des sociétés. Le renseignement doit demeurer une prérogative nationale sous le contrôle des gouvernements légitimes.

J'observe avec inquiétude l'actuelle prolifération d'organismes de renseignements privés travaillant au profit d'intérêts particuliers, de groupes ou de puissances économiques apatrides dont la principale motivation est l'enrichissement. Les règles d'éthique et de déontologie auxquelles se plient, à quelques très rares exceptions près, tous les services officiels des États de droit, sont plus difficilement imposées à des organismes officieux ou à des entreprises privées. Sous la pression d'un courant doctrinaire qui exalte à l'excès les vertus de la déréglementation, la loi du plus fort et celle du plus malin finissent par prendre le pas sur le droit international et sur les codes de bonne conduite de la morale collective.

La plus légitime de toutes les justifications est bien, pour les services de renseignements, la recherche et le traitement d'informations secrètes au profit de la sécurité de leur pays, de la prévention des périls et du traitement des crises. L'expérience m'a montré que les autorités gouvernementales sont en possession de quantité d'autres éléments d'information et de critères de jugement. Elles agissent en fonction de leurs propres options politiques, de préjugés idéologiques ou de préconceptions partisanes qui les conduisent parfois à être en désaccord avec les analyses fournies par leurs services spécialisés. Le plus grand de tous les défis consiste alors pour ceux-ci à demeurer fermes dans leurs estimations dès lors qu'ils ont la conviction qu'elles sont parfaitement fondées, tout en obéissant en toute loyauté au pouvoir légitime, car c'est lui qui assume les responsabilités de la décision. C'est ainsi que je conçois l'application des principes de la «discipline intellectuelle». En assurant la continuité d'une fonction vitale dans la quête de l'objectivité, les services secrets demeurent, comme les armées et les grandes administrations de l'État, les garants de la pérennité de l'intérêt national.

Conclusion

Je ne me lasserai jamais de réfléchir aux paradoxes du secret, de la vérité et du mensonge. En dépit des fabuleux progrès techniques de l'âge de l'information, les mêmes questions fondamentales se posent, aujourd'hui comme aux premiers jours de l'humanité. La transparence, la liberté d'expression, solennellement érigées en principe par les démocraties, ne sont jamais parfaites. Même aux États-Unis, où elles sont inscrites dans la Constitution et profondément ancrées dans les croyances et dans les pratiques de la vie publique et privée, elles connaissent de sérieuses violations; les Américains ne sont pas à l'abri des pièges de la désinformation ni de cette nouvelle forme de propagande qu'on appelle la «pensée unique».

Dans les moments d'extrême péril, la justification du secret militaire n'est pas contestable, les scrupules doivent s'effacer devant les exigences de la survie. Churchill aimait dire qu'à la guerre la vérité est parfois si précieuse qu'il faut l'entourer d'une garde du corps de mensonges, «*a bodyguard of lies*». Il avait d'ailleurs choisi ce mot *bodyguard* comme nom de code pour désigner la formidable opération de déception qui lui a permis de tromper Hitler sur les véritables objectifs du débarquement allié de Normandie en 1944.

Les justifications du secret policier et du secret de l'instruction sont plus discutables, même si la sécurité de la société est en jeu. C'est un sujet permanent de débats dans notre pays et il est bon qu'il en soit ainsi. Je me méfie pour ma part des prises de position excessives, celles des doctrinaires d'extrême droite qui ont le complexe «sécuritaire», comme celles des libertaires d'extrême gauche qui ont recours aux astuces de la dialectique et de la procédure pour s'opposer à l'application de lois justes.

Secrets d'État, secrets privés, où sont les limites quand il s'agit des maladies des grands de ce monde ou des turpitudes de leurs entourages rapprochés? Certains secrets jalousement gardés vis-à-vis de l'opinion publique nationale, parce qu'ils ont un impact direct sur la politique intérieure, ne sont que des secrets de Polichinelle connus des étrangers. D'autres s'inscrivent dans les stratégies subtiles de la conquête de l'opinion. Je pense aux révélations que l'ancien président de la République a lui-même choisi de faire à la fin de sa vie, alors qu'à l'époque où, comme quelques autres fonctionnaires de l'État, j'étais au courant de ces secrets, nous avions évidemment fait preuve de la plus grande discrétion. C'est plus tard que nous avons appris par la presse que les méthodes les plus douteuses avaient été mises en œuvre pour les dissimuler. Secrets d'État ou secrets du Prince?

Un véritable secret d'État, celui de la réalisation des armes nucléaires françaises, a été remarquablement protégé dans les années cinquante. C'est en toute discrétion qu'avait été préparé l'avènement de nos forces de dissuasion. On sait maintenant, grâce aux travaux des historiens qui ont étudié les archives et interrogé les acteurs de cette extraordinaire aventure, la part qu'y ont pris quelques hommes d'État de la IVe République, dont Jacques Chaban-Delmas, qui y fait allusion dans ses Mémoires. En revanche, un autre secret d'État demeure encore peu connu de nos compatriotes : c'est celui de l'aide décisive que la France a apportée à Israël dans les années cinquante, pour la construction du site atomique de Dimona dans le désert du Néguev, et de l'assistance que nous lui avons fournie à l'époque pour la mise au point de missiles balistiques à moyenne portée. Si l'État hébreu dispose de l'arme nucléaire – ce qu'il n'a toujours pas reconnu officiellement –, c'est en grande partie grâce à cette collaboration qu'il n'est pas de bon ton d'évoquer aujourd'hui. D'ailleurs le général de Gaulle y avait mis fin dès son retour au pouvoir en 1958 afin de rétablir les équilibres et l'indépendance de la politique française au Moyen-Orient et vis-à-vis du monde arabe.

Les faits que j'ai évoqués, l'expérience que j'ai vécue pendant mon bref passage à la DGSE, s'inscrivent dans des problématiques universelles, et aussi dans des réalités fort complexes. Mon optique est celle d'un officier de marine, d'un homme de la génération qui a eu vingt ans pendant la Seconde Guerre mondiale. Pour éviter d'enfreindre le secret, j'ai évité de donner des précisions d'ordre militaire, politique ou administratif sur ce que j'ai connu en service et qui conserve encore aujourd'hui un caractère confidentiel. Depuis que je n'ai plus de responsabilités militaires ou administratives, je me suis interdit d'interférer dans les activités de mes successeurs et de chercher à connaître des informations qui ne me concernent plus. Les fondements de mes réflexions ont donc été uniquement des «sources ouvertes», des informations trouvées dans des documents officiels ou publiés par la presse.

Nous ignorons en France la masse des travaux réalisés à l'étranger sur ces matières. Chez nous, seules quelques publications spécialisées, au premier rang desquelles je mentionnerai la lettre bimensuelle *Le Monde du renseignement*, en rendent compte régulièrement et font état de la révolution qui s'est produite en quelques années dans le monde anglo-saxon.

En Grande-Bretagne, la publication du livre de Peter Wright, *Spy catcher*, avait provoqué la réaction brutale de Margaret Thatcher, alors Premier ministre, qui avait interdit sa diffusion. Cet ancien fonctionnaire du service de contre-espionnage intérieur, le Mi5, avait en effet contrevenu aux règles de discrétion inscrites dans les plus anciennes traditions du pays, et il mettait en cause de façon scandaleuse et injustifiée un ancien directeur de l'Intelligence Service que ces mêmes règles ne permettaient pas d'innocenter. Le livre, publié aux États-Unis, avait connu de ce fait une énorme publicité et des débats passionnés s'étaient déroulés au Royaume-Uni pour savoir s'il convenait de maintenir des réglementations dépassées. Ils ont abouti en 1994 à une nouvelle législation qui a constitué, selon la formule d'un historien britannique inspiré par la révolution survenue à la City dans le domaine boursier, un véritable «big bang».

Aux États-Unis, c'est encore plus significatif. Forts de l'avance accumulée dans la maîtrise des outils modernes de l'information, les Américains en sont arrivés au point de mettre sur le marché des matériels et des logiciels jusqu'alors ultrasecrets, utilisés par le Pentagone ou par la CIA. Ils n'hésitent pas non plus à exporter, même en Chine communiste, leurs meilleurs ordinateurs, leurs procédures les plus avancées : ils font le «pari de la transparence» parce que les dividendes, en termes financiers et d'influence à l'échelle mondiale, leur paraissent bien supérieurs aux avantages du secret.

Trop peu de responsables français de l'administration et de la politique sont au fait de ces problèmes; j'ai le souvenir de certaines mauvaises décisions, par exemple en matière de cryptographie, prises dans l'ignorance des enjeux et des procédures. Je trouve encourageant que des députés et des sénateurs cherchent à y impliquer le Parlement, mais je souhaite qu'ils passent d'abord par une phase d'études et d'analyses, de comparaison avec les pratiques étrangères, de façon à ne pas risquer d'interférer indûment dans des activités qui, en tout état de cause, demeurent délicates et sensibles.

L'intérêt que je continue d'éprouver pour ces questions répond aussi aux préoccupations d'un citoyen qui se sent toujours concerné par la sécurité de la France et par l'évolution de ses forces armées. C'est l'avenir de nos petits-enfants qui est en jeu.

Lorsque j'ai quitté la FEDN en 1989, j'ai été sollicité par le général Lacaze, l'ancien chef d'état-major des armées, pour lui succéder à la présidence du Comité national de liaison défense armée nation – en résumé le DAN –, au Centre d'information civique. Cet organisme avait été créé en 1975 en réaction contre l'antimilitarisme militant qui venait de se traduire, entre autres, par la multiplication des «comités de soldats» dans les armées. Depuis plus de quarante ans, le CIC diffuse et tente de faire mettre en œuvre les valeurs du civisme républicain. Depuis plus de vingt ans, le DAN s'efforce de vivifier le dialogue entre les militaires et les citoyens, entre la défense et la nation.

Au moment où nos armées doivent relever le défi de la professionnalisation, chacun s'interroge sur les relations qu'elles entretiendront à l'avenir avec les autres forces vives de la collectivité nationale. Les soldats sont les seuls détenteurs légitimes des armes de guerre, au même titre que les policiers de la République sont les gardiens de l'ordre public. J'ai évoqué, en parlant des tendances du renseignement, l'actuelle prolifération des organismes privés. Elle est aussi inquiétante que celle des milices, des services privatifs de sécurité et de police. J'ai été très impressionné par la lecture du rapport qu'un de nos meilleurs spécialistes de la démographie a établi en 1996 à la demande du gouvernement brésilien. Il décrivait la situation des grandes métropoles comme Rio de Janeiro et São Paulo, et montrait notamment comment les ghettos de riches coexistent avec les ghettos des plus pauvres. Des archipels de territoires opulents au milieu d'océans de pauvreté. Les premiers sont protégés par des gardes privés, bien payés, bien équipés, fortement armés, qui font preuve d'une grande efficacité et d'une excellente discipline. Les autres sont soumis aux caprices et aux exactions d'une police municipale ou d'une police d'État, dont les membres, mal payés et mal considérés, sont très souvent corrompus. Sans aller jusqu'à atteindre les excès des «escadrons de la mort», ces situations se retrouvent dans beaucoup d'autres pays. En France, l'actualité met parfois en évidence l'existence d'officines ou de pseudo-milices qui n'ont guère de scrupules. En revanche, je connais un certain nombre d'organismes de gardiennage, de sociétés privées, de consultants ou de prestataires de services qui respectent scrupuleusement les règles de déontologie de la profession. Les pouvoirs publics ont le devoir d'exercer la plus grande vigilance à cet égard.

J'espère que cet appel, en conclusion de mon témoignage, contribuera à convaincre mes concitoyens de la pérennité des valeurs de la démocratie et des exigences qui s'imposent à tous, et en premier aux élites de la nation, pour les préserver. Alors que la connaissance constitue sans doute l'élément le plus précieux du patrimoine commun de l'humanité, les nouveaux développements intervenant à l'aube du XXIe siècle dans les sciences et les techniques de l'information sont à la fois pleins de menaces et de promesses.

Table

Cet ouvrage a été composé
par les Éditions Flammarion

Cet ouvrage a été imprimé par la
SOCIÉTÉ NOUVELLE FIRMIN-DIDOT
Mesnil-sur-l'Estrée
pour le compte des Éditions Flammarion
en septembre 1997

Imprimé en France
Dépôt légal : septembre 1997
N° d'édition : FF 741601 - N° d'impression : 39908